高校入試 実戦 シリーズ

JN014061

偏差値 5 アップ

英語 65

60

目次

	🖊 問題	◎ 解答・解説	📖 文法のまとめ
CHAPTER 01 会話文／メール・チャット①	6	16	助動詞
②	9	21	動名詞
③	10	23	分詞
④	12	26	不定詞
CHAPTER 02 資料読解 ①	30	40	比較
②	32	45	受動態
③	34	48	関係代名詞
④	36	51	間接・付加・否定疑問
⑤	38	54	前置詞・接続詞
CHAPTER 03 長文読解 ①論説文	58	76	否定表現
②論説文	60	78	感嘆文
③論説文	63	82	会話表現
④物語文	66	86	使役動詞 let
⑤物語文	71	91	現在完了進行形
CHAPTER 04 英作文 (1)〜(15)	98	107	仮定法
CHAPTER 05 英問英答 ①	121	130	動詞＋形容詞の表現
②	122	132	接続詞 that の名詞節
③	124	134	直接話法と間接話法
④	126	137	後置修飾
⑤	128	139	want ＋人＋ to 〜
CHAPTER 06 リスニング ①	141	143	
②	142	145	

　本書は，各種模試などで得点を少しでも上げたい人，行きたい高校の偏差値にあと一歩で届かないと諦めかけている人に向けた，いつもの偏差値を"5"アップさせることを目標とし，近年の入試問題から厳選した長文＋リスニングからなる実戦演習形式の問題集です。

　全問に詳しい解説と全訳を掲載しています。英文を何となく読んで何となく正解できた問題も，英文と全訳を照らし合わせて復習し，解説もよく読んでみてください。また，各章の解答・解説ページに中学で学習する 📖文法のまとめを収録しています。本書の目次を参照して，苦手な単元，自信がない単元の 📖文法のまとめから確認していくのもよいでしょう。

CHAPTER 01 会話文／メール・チャット

　従来のいわゆる対面式の会話文だけではなく，最近はメールやチャット形式の新しい会話文の出題が，特に中堅レベルの高校入試で増えています。

　メールの読解は，複数のやり取りを通じて物事の推移を読み取ることがポイント。チャットの読解は会話文の読解と同じ要領でよいでしょう。

CHAPTER 02 資料読解

　中学の英語学習では情報を整理しながら考えをまとめ，英語で表現したり，伝え合ったりして，思考力・判断力・表現力を磨くことを目標の一つとしており，思考力や判断力の高さをはかる問題として資料読解の出題が目立つようになりました。

　広告・パンフレット・チラシやメニューなど，日常生活になじみがある問題から，グラフや表の読み取りなど，英文を理解し考え判断する思考力が求められる問題まで，いろいろな問題が工夫されています。資料読解＋英問英答という出題も珍しくありません。偏差値が高い学校ほど，英語がわかるだけでは簡単に正解できない問題が出題されます。資料読解という出題形式に慣れて得点アップにつなげましょう。

CHAPTER 03 長文読解

　長文読解のジャンルを大きく物語文と論説文に分けました。物語文といっても笑い話やおとぎ話，サスペンス，小説など様々です。論説文も自然科学系や社会科学系など，いろいろな英文が出題されます。そのほか歴史・伝記，紹介文やエッセイなど，多種多様です。

　日本語訳を読んで興味がわくような内容もあれば，日本語で読んでも難しいと感じる内容もあるかもしれません。文中にわからない単語が出てきてもこだわらず，前後の文からだいたいの意味を推測し読み進めましょう。重要な部分に線を引いたり，単語を○で囲んだりするのもポイント。解説と全訳を読んで，しっかり復習してください。

CHAPTER 04 英作文

　英作文はまさに表現力が求められます。中堅レベルから難関校まで，英作文の出題は増加傾向です。○語程度，○語以上○○語以内，△文以上，○語で△文など，たいていは字数制限があります。内容もイラストの説明，対話が完成するように空欄を埋めるもの，自分の考えを述べるもの，ある意見に賛成か反対か，その理由を説明するものなど，様々です。当たり前のことですが，与えられたテーマに沿って日本語で考えてから英語の文章を作成することになります。苦手意識を持たずに，いろいろな英作文の問題に挑戦してみましょう。

CHAPTER 05 英問英答

　英問英答とは英語の質問に英語で答える問題のことです。つまり日本語が出てきません。そんな難しい問題は偏差値70以上の難関校だけじゃない？と思うかもしれませんが，最近は中堅レベルの学校でもよく出題されています。あまり難しく考えずに，英語の質問を頭の中で日本語に訳してから，英語の選択肢を日本語に訳して選べばいいだけです。

CHAPTER 06 リスニング

　英語学習の目標の一つとして「聞くこと」「読むこと」「話すこと」及び「書くこと」の言語活動を通した，コミュニケーションを図るために必要な能力の育成があります。そのうち「聞く」力をつけるためのリスニング問題を練習してみましょう。

「偏差値5アップ」で力をつけたら、次は何をやったらいいですか？

そうだね。「実力判定テスト10」で、今の実力を試してみてはどうだろう？

 実力を確認したら、志望校の過去問もやってみよう！

Check

『偏差値5アップ』の次は…
実力判定テスト10 にチャレンジ

NEXT

定価：各**1,100**円（税込）

英語以外の教科は…

『偏差値60』偏差値58〜63の高校を受験する方向け

国語 / 数学

『偏差値65』偏差値63〜68の高校を受験する方向け

理科 / 社会 / 国語 / 数学

レベルに合わせて しっかり演習！

① 会話文／メール・チャット

学習のポイント

● 会話のやり取りに注意して流れをつかもう
● 前後の文脈や受け答えから文意を読み取る

次の会話文を読んで設問に答えなさい。

Alice:　　What is that, Kaori ?

Kaori:　　It's an origami bird I made last night. I couldn't sleep because I was still adjusting to the time difference between Japan and here in London. [I] or a crossword puzzle in my suitcase, and I found my origami papers.

Alice:　　　A

Kaori:　　I sometimes need to do so, but it doesn't always require a lot of thought. In a way, it reminds me of counting. Counting is basically a simple task. But when you are counting a lot of things, you must concentrate or (1)you will lose your place.

Alice:　　Origami and counting are similar in a sense.

Kaori:　　Yes. But for me, origami is more creative and exciting than counting. The name of origami simply means "paper folding."　　B

Alice:　　Like what ?

Kaori:　　(2)折り紙の最も魅力的な点の１つは，１枚のシンプルな紙がどのようにして美しく力強いものに変えられるのかを目にすることができること。 Alice, pull the origami bird's tail.

Alice:　　Yeah. Oh, it's amazing ! The bird's wings are flapping up and down ! How do you make this bird ? Do you make it with scissors and glue ?

Kaori:　　No, (　ア　a -) I need is just a single sheet of paper. I just use, um... I forget what to call the paper's shape...

Alice:　　(イ　S -) shape ?

Kaori:　　Does it mean having four straight equal sides and four angles of 90°?

Alice:　　Yes.

Kaori:　　That's it !　　C　That's the only thing I need. And as it is thin, we can fold it many times.

Alice: I see. Oh, Kaori! You are smiling and showing the dimple in your left cheek. It brings back memories when we were little!

Kaori: What do you mean?

Alice: Your dimple is in your left cheek, and mine is in my right cheek. We used to pretend it meant that we were twins.

Kaori: Really? I don't remember that.

Alice: My mom likes (3) this story and tells me even now as a good memory of our life in Japan.

Kaori: I am happy I have a nice friend from childhood. Thank you for letting me stay with your family for two weeks.

Alice: My pleasure. And my mom will be excited with this moving origami, just like me! She says origami is a great Japanese tradition and she would like to learn it someday.

Kaori: I will offer her some lessons while I'm staying here.

Alice: 　D　

Kaori: Of course, it's my pleasure.

Alice: Then, you can teach me first. And I'll help you teach my mom as an assistant. (4) I'll be passing the tradition up instead of down.

Kaori: I think we will be good partners!

（注） flap 羽ばたきする　side（平面図形の）辺　dimple えくぼ　pretend 偽って主張する

問1　［ I ］を補うように，次の語句を並べかえなさい。

like, for, a book, searching, something, was

問2　　A　～　D　を補うのに最も適切なものを①～⑧から1つずつ選び，番号で答えなさい。ただし，同じ番号を2度以上選ばないこと。

① Are you looking forward to learning origami?

② Thanks for telling me the name.

③ It's an unfamiliar place for doing origami.

④ Can you give me a few, too?

⑤ You don't always carry origami with you.

⑥　But there is more to it than that.

⑦　Do you concentrate when you do origami?

⑧　People name it after origami.

A (　　　)　　B (　　　)　　C (　　　)　　D (　　　)

問3　下線部(1)とは，具体的にどのようになるということか。日本語で答えなさい。

（　　　　　　　　　　　　　　　　　　　　　　　　　　　　　　　　）

問4　下線部(2)を英語に直しなさい。

問5　（ア），（イ）にそれぞれ最も適切な1語を補いなさい。ただし，指定された文字で書き始めること。

（ア）（　　　　　　　　　）　　（イ）（　　　　　　　　　）

問6　下線部(3)の具体的な内容を日本語で答えなさい。

（　　　　　　　　　　　　　　　　　　　　　　　　　　　　　　　　）

問7　次の文は下線部(4)が表す内容を具体的に説明したものである。　あ　，　い　にそれぞれ適切な日本語を補いなさい。ただし，2箇所ずつある　あ　，　い　には，それぞれ同じ日本語が入る。

「伝統を，　あ　から　い　にではなく，　い　から　あ　に伝えること。」

あ（　　　　　　　　　）　　い（　　　　　　　　　）

② 会話文／メール・チャット

 学習のポイント

● メールやチャットでは，誰から誰へのメッセージかもヒントにしよう
● 具体例から言い換えたらどうなるのかを推測する

次の英文を読んで，設問の答えとして最適なものを 1 つ選び，番号で答えなさい。

> My instructor warned us about plagiarizing other writer's ideas. I know students get in trouble for plagiarizing, but what is plagiarism ? Why is it so important in North America ?
> -Thiago

> Dear Thiago,
> When you copy someone's exact words or ideas, you are plagiarizing. In some countries, it is OK to do that. In North America, however, a person's words and ideas are like property. They belong to that person. You can use them, but you must always say where you found them and name the original writer.
> Yours truly,
> Professor Wright

Q: What does plagiarism mean ?

① The practice of listening to another person's ideas and expressing your own opinions.

② The practice of thinking of something new after solving difficult questions.

③ The practice of using another person's ideas and pretending that they are your own.

④ The practice of writing an essay in order to improve or change it.

(　　　)

③ 会話文／メール・チャット

学習のポイント

● メールやチャットでは，因果関係や時系列を考えよう
● 接続詞に注目して，複数の文から起きていることを把握する

次の英文の内容に関して，それぞれの質問に対して最も適切なものを①〜④から１つ選び，
番号で答えなさい。

From：Kevin Loft ＜ k-loft@hiyoshi.industry.com ＞
To：James Wilson ＜ j-wilson@hiyoshi.industry.com ＞
　　　Michael Brown ＜ m-brown@hiyoshi.industry.com ＞
Date：June 21
Subject：Request

Hello. This is Kevin from customer support. I recently got an email about some product problems. A lot of the emails had a lot in common in that they concerned the battery life of our phones. I thought that you guys would most likely have the best idea on how to solve this issue. Sadly, I have no technological knowledge to explain in my response emails. Nor, do I know how long it would take for us to fix the issue.

If we cannot solve this issue, it has potential problems for our company but I am sure we can do it with your technological support and knowledge. Thanks to you, we are always confident no matter how big a problem may seem. As you research into this problem, I would also like to have a price for fixing all of the devices with the problem.

There are a couple of more things. The battery life seems to only be a problem with the models that were made this year. Last year customers did not have any problems on battery issues. Another is that the battery life seems to be fine for the first month but dies out suddenly after that first month. Thank you for your hard work and efforts and I look forward to putting the smiles back on our customer faces again !

Regards,

Kevin Loft

Customer Support

問 1　What does Kevin want to do ?

① Get money for repairing the phones' batteries with the problem.

② Have confidence that their company can get over the problem.

③ Know how big the problem may seem with the battery issues.

④ Make good progress in technological knowledge to explain issues.

(　　　)

問 2　Which batteries are causing the problem ?

① The batteries made this year and used for less than a month.

② The batteries made this year and used for more than a month.

③ The batteries made last year and used for less than a month.

④ The batteries made last year and used for more than a month.

(　　　)

CHAPTER 01

④ 会話文／メール・チャット

学習のポイント

● 比較や会話表現に注意して文章を読み取ろう
● 文脈から図表のどこを指しているのか理解する

中学生の美咲(Misaki)と幹太(Kanta)がポール先生(Mr. Paul)と話をしている。対話文と日本(Japan)における外国人観光客数についてのプリント(Handout)をもとにして，設問に答えなさい。

Mr. Paul: Hi, Misaki. Hi, Kanta. What are you looking at ?

Misaki: Hello, Mr. Paul. We are looking at the handout about the number of foreigners who visited Japan.

Kanta: We've just found out that the number in 2019 is the largest.

Mr. Paul: How many people visited Japan in 2019 ?

Kanta: About (a).

Mr. Paul: I see. I think many foreigners have a good time in Japan. Some of my friends came here last year. They said they liked Japan. I'm very proud of working in this popular country.

Misaki: How long have you been in Japan ?

Mr. Paul: For three years. I like Japan very much.

Kanta: What are good things about Japan ?

Mr. Paul: It has many traditional places, and people here are so kind.

Kanta: I'm very glad to hear that. I often hear those things from many people.

Mr. Paul: There are also many young foreigners who come to Japan to study. I believe more foreigners will come here. What do you think about that ?

Misaki: I think (あ)that's really good. I want to communicate with many foreigners and become friends with them.

Kanta: I think so, too. Also, we can learn about the cultures and customs of other countries.

Mr. Paul: In the globalized world, people from other countries often live in the same city. What's important for us to live with them ?

Misaki: I think we should understand (b) each country has its own culture and custom.

Mr. Paul: Yes. That's very important.

Kanta: When I take trains, I often hear announcements and see signs in English. But is using only English OK? I think we should use other languages, too.

Misaki: (い)I agree. Please look at the handout. The number of people who visited Japan from China is the largest. We need more announcements and signs in Chinese.

Mr. Paul: That's right. Such announcements and signs will help them a lot.

Kanta: I'm very surprised that many Asian people visit Japan. The number of Korean people who visited Japan is the second largest. And the number of people in America is about three times as large as that of Australia.

Misaki: Last month, (c) I was at the station, a man from Korea talked to me. First, he spoke a language which I couldn't understand. Then, he said in English, "Where is the supermarket?" After that, I could answer his question. I was very glad to help him. I realized English is a common language in the world.

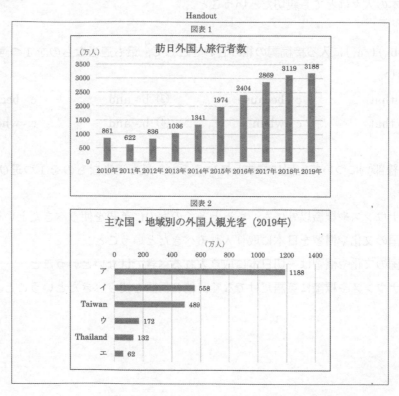

Handout

図表1

訪日外国人旅行者数

（万人）

	2010年	2011年	2012年	2013年	2014年	2015年	2016年	2017年	2018年	2019年
	861	622	836	1036	1341	1974	2404	2869	3119	3188

図表2

主な国・地域別の外国人観光客（2019年）

（万人）

ア	1188
イ	558
Taiwan	489
ウ	172
Thailand	132
エ	62

Mr. Paul: That was a good experience. English is used by many people in the world. If you use English, you can communicate with more people. So let's enjoy studying English. And there is one more thing. Talking with many foreigners is important to understand their countries. Don't forget that.

Kanta: I see. Thank you very much.

(注) foreigner(s) 外国人　　find out ~ ~がわかる　　communicate コミュニケーションをとる
culture(s) 文化　　custom 慣習　　globalized グローバル化した
announcement(s) アナウンス　　sign(s) 標識，表示　　Asian アジアの
realize ~だと気づく　　common 共通の

問1　(a)に入るのに最も適当なものを1つ選び，番号で答えなさい。

① 32 thousand　　② 32 million　　③ 32 billion　　④ 3.2 million

（　　　　）

問2　下線部(あ) that が指している内容として最も適当なものを1つ選び，番号で答えなさい。

① 日本には多くの伝統的な場所があるということ。

② より多くの外国人が日本に来るだろうということ。

③ 多くの外国人とコミュニケーションを取り，友達になりたいということ。

④ 日本の人々はとても親切だということ。

（　　　　）

問3　(b)(c)に入る接続詞の組み合わせとして，最も適当なものを1つ選び，番号で答えなさい。

① b - that　　　　c - because　　② b - and　　　　c - because

③ b - that　　　　c - when　　　　④ b - and　　　　c - when

（　　　　）

問4　下線部(い)について，何に賛成しているのか。最も適当なものを1つ選び，番号で答えなさい。

① アナウンスや標識以外にも，もっと多くのものに英語を使うべきだということ。

② 他国の文化や慣習を日本に取り入れるべきだということ。

③ 他国の文化や慣習は一切日本に取り入れるべきではないということ。

④ アナウンスや標識に英語だけでなく，他の言語を使うべきだということ。

（　　　　）

問5 Handout の図表2のア～エに入る国の組み合わせとして，最も適当なものを1つ選び，番号で答えなさい。

① ア - China　　　イ - Korea　　　ウ - Australia　　　エ - America

② ア - Korea　　　イ - China　　　ウ - Australia　　　エ - America

③ ア - China　　　イ - Korea　　　ウ - America　　　エ - Australia

④ ア - Korea　　　イ - China　　　ウ - America　　　エ - Australia

（　　　）

問6 本文の内容について正しくないものを1つ選び，番号で答えなさい。

① ポール先生は昨年から日本で働いている。

② 日本へ留学に来る若い外国人が多くなっている。

③ 美咲は英語が世界で共通言語になっていると気づいた。

④ 多くの外国人と話すことは，彼らの国を理解するのに大切である。

（　　　）

問7 Handout の内容に合う英文を1つ選び，番号で答えなさい。

① More foreigners visited Japan in 2015 than in 2014.

② The number of foreigners who visited Japan in 2012 is the smallest.

③ More than 6,000,000 people from Taiwan came to Japan in 2019.

④ The number of foreigners who visited Japan in 2018 is twice as large as in 2013.

（　　　）

① 会話文／メール・チャット

解答

問1　was searching for something like a book

問2　A ⑦　　B ⑥　　C ②　　D ④

問3　どこまでしたかわからなくなること

問4　（例）One of the most attractive points of origami is that you can see how a simple piece of paper can be changed into something beautiful and powerful.

問5　（ア）all　　（イ）Square

問6　カオリには左のほおにえくぼがあり，アリスには右のほおにえくぼがあるので，自分たちは双子だと言い張っていたこと。

問7　あ　上　　い　下

全訳

アリス：カオリ，それは何？

カオリ：私が昨日の夜に作った折り紙の鳥よ。私はまだ日本とロンドンの時差を調整している段階で，眠れなかったの。私はスーツケースの中に［Ⅰ］何か本とかクロスワードパズルとかを探していて，折り紙の紙を見つけたの。

アリス：A折り紙をする時は集中するの？

カオリ：そうする必要がある時もあるけれど，必ずしもたくさん考えなきゃいけないわけじゃない。ある意味，数を数えることを思い出すわ。数を数えることは基本的には簡単なことよ。でもたくさんのものを数える時は，集中しないといけない，さもないと (1) どこまでしたかわからなくなるよね。

アリス：折り紙と数を数えることはある意味似ているのね。

カオリ：うん。でも私にとっては，折り紙のほうが数を数えることより創造的でワクワクする。折り紙という名前はただ，「紙を折ること」という意味よ。Bでも，それ以上のことがある。

アリス：例えばどんな？

カオリ：(2) 折り紙の最も魅力的な点の１つは，１枚のシンプルな紙がどのようにして美しく力強いものに変えられるのかを目にすることができること。アリス，その折り紙の鳥のしっぽ

を引っ張って。

アリス：うん。わあ，すごい！　鳥の翼が上下に羽ばたいているわ！　どうやってこの鳥を作るの？
　　　　はさみやのりを使って作るの？

カオリ：いいえ，必要なものは 1 枚の紙（ア）だけよ。えーと，その紙の形を何と呼ぶか忘れてしまっ
　　　　たけど…

アリス：（イ）正方形？

カオリ：それは，4 つの辺が直線で等しく，4 つの角が 90°という意味？

アリス：うん。

カオリ：そう，それよ！　C 名前を教えてくれてありがとう。それは私が必要な唯一のものよ。そ
　　　　してそれは薄いから，何度も折ることができる。

アリス：なるほど。わあ，カオリ！　あなたは微笑んでいると左のほおにえくぼが見えるね。私た
　　　　ちが幼かった頃の記憶がよみがえるわ！

カオリ：どういう意味？

アリス：あなたのえくぼは左のほおにあり，私のえくぼは右のほおにある。私たちはかつて，それ
　　　　は私たちが双子だという意味だって偽って主張していたのよ。

カオリ：本当？　私はそれを覚えていないわ。

アリス：私のママは（3）この話が好きで，私たちの日本での生活の良い思い出として今でも私に
　　　　言うのよ。

カオリ：私は子供の頃からの素敵な友達がいて幸せよ。私をあなたの家に 2 週間滞在させてくれて
　　　　ありがとう。

アリス：どういたしまして。それにママは私と同じようにこの動く折り紙に感動するわ！　ママは，
　　　　折り紙は日本の素晴らしい伝統で，いつか習いたいと言っているの。

カオリ：私がここに滞在している間，彼女に何回かレッスンをしてあげるわ。

アリス：D 私にも少しやってくれる？

カオリ：もちろん，喜んで。

アリス：じゃあ，先に私に教えてよ。そして私は助手としてあなたがママを教えるのを手伝うわ。
　　　　（4）私は伝統を上から下へ，ではなく，下から上へ伝えるよ。

カオリ：私たちは良いパートナーになると思うわ！

解説

問1　過去進行形の文。search for ～「～を探す」

問2　全訳下線部参照。

　　A　直後の文から，アリスはカオリに対して「折り紙をする際に必要な何か」について質問したことがわかる。⑦を入れると文意が通る。

　　B　There is more to it than that. の it は origami を指し，that は paper folding を指す。「折り紙には『紙を折ること』以上のものがある」という意味。

　　C　カオリが正方形の名前を忘れ，アリスが教えてくれた流れから，カオリがお礼を言うように続けると文意が通る。②文末の「the name」からも，名前の話をしている流れの中にある C に入ると推測できる。

　　D　Can you give me a few, too? は Can you give me a few lessons, too?「私にも少しレッスンをしてくれる?」の意味。

問3　下線部(1)の直訳は「あなたは自分の場所を見失うだろう」で，たくさんのものの数を数えているうちにどこまで数えたかわからなくなることを表している。折り紙も同様に，集中しないとどこまでやったかわからなくなる場合がある，と言っている。

問4　〈one of the ＋最上級＋複数名詞〉「最も…な(名詞)のうちの1つ」「～を目にすることができることだ」は接続詞 that「～ということ」を用いて，that you can see ～「あなたが～を見ることができることだ」とする。see の後ろには間接疑問〈疑問詞＋主語＋動詞〉を置く。

問5　(ア)　All you[I] need is ～「～さえあればよい」
　　　(イ)　square「正方形」

問6　下線部(3)の1つ前のアリスの発言内容をまとめる。

問7　pass down は伝統などを上の世代から下の世代へ伝えることを表す。ここでは，娘のアリスが母に折り紙を教えるので，pass the tradition up「伝統を(下から)上に伝える」と言っている。instead of down は instead of passing down「(上から)下へ伝える代わりに[(上から)下へ伝えるのではなく]」の意味。

助動詞

1 助動詞の種類

can「〜できる，〜してもよい」　過去形は could

will「〜するだろう，〜するつもりだ」　過去形は would

must「しなければならない，〜にちがいない」　過去形はない。

may「〜してもよい，〜するかもしれない」　過去形は might

should「〜すべきだ」　過去形はない。　　　など。

You must arrive at the station by ten.

「あなたは 10 時までに駅に着かなければならない」

2 助動詞を用いた様々な表現

会話で用いられる。

●〈依頼〉の表現

Will［Can / Would / Could］you <u>help</u> me？「手伝ってくれませんか」

would, could を用いるのはとてもていねいな言い方

●〈勧誘〉の表現

Will［Won't］you <u>have</u> some tea？「お茶でも飲みませんか」

相手に何かを勧める表現

●〈相手の意志〉を尋ねる表現

Shall I <u>help</u> you？「手伝いましょうか」

　= Do you want me to <u>help</u> you？「私に手伝ってほしいですか」

相手が自分にそうしてほしいかどうかを尋ねる言い方

Shall we <u>go</u> shopping tomorrow？「明日買い物に行きましょうか」

　= Let's <u>go</u> shopping tomorrow.「明日買い物に行きましょう」

提案を表す言い方

3 助動詞と同じ働きをする表現

be able to 〜「〜することができる」

have to 〜「〜しなければならない」

had better ～「～したほうがよい」（目下の人に使う表現）など。

過去表現，未来表現での用法に注意する。

My sister can speak English. = My sister is able to speak English.

「姉は英語を話すことができる」

You must hurry. =You have to hurry.

「あなたは急がなければならない」

● can を用いる文の過去時制，未来時制

He can <u>answer</u> this question.

「彼はこの質問に答えることができる」（現在）

→ He could [was able to] <u>answer</u> this question.

　「彼はこの質問に答えることができた」（過去）

→ He will be able to <u>answer</u> this question.

　「彼はこの質問に答えることができるだろう」（未来）

● must を用いる文の過去時制，未来時制

I must <u>go</u> there. 「私はそこへ行かなければならない」（現在）

→ I had to <u>go</u> there. 「私はそこへ行かなければならなかった」（過去）

→ I will have to <u>go</u> there.

　「私はそこへ行かなければならないだろう」（未来）

※英語では助動詞の後に別の助動詞を続けることはできない

〈未来〉と〈能力〉を表す「～することができる（ようになる）だろう」
という表現は〈will be able to ＋ 動詞の原形〉,〈未来〉と〈義務〉を表す「～
しなければならないだろう」という表現は〈will have to ＋ 動詞の原形〉
で表す。

※ have [has] to ～の発音に注意

　have to は ［hǽftə, hǽftu］ , has to は ［hǽstə, hǽstu］ の発音になる。

CHAPTER 01

② 会話文／メール・チャット

解答

③

全訳

> 私の指導者は，他の作家の考えを盗用することについて私たちに警告した。学生が盗用で困るのは知っているが，盗用とは何だろう？なぜそれが北米でそれほど重要なのか？
> ―チアゴ

> チアゴへ
> 誰かの言葉や考えをそのままコピーすると，あなたは盗用している。一部の国は，それを行っても問題はない。しかし，北米では，人の言葉や考えは財産のようなものだ。それはその人のものだ。あなたはそれらを使うことができるが，あなたがそれらを見つけた場所を示し，元の作家の名前を示さなければならない。
> 敬具
> ライト教授

問い：plagiarism（盗用）とは何を意味するか。

解説

plagiarism は教授の返信の第1文で「誰かの言葉や考えを」コピーしたときに「あなたは盗用している (you are plagiarizing)」とあるので，③「他人のアイデアを使い，それが自分のものであるかのようにうそぶくこと」であると判断できる。

plagiarism なんて聞いたこともありませんでした。

問題文に，plagiarizing という似ている語があるね。
これは plagiarize（盗用する）という動詞の現在分詞で，
plagiarism はその名詞形だよ。同じ語幹からできた語だね。

動名詞

1 動名詞　動詞の -ing 形

「～すること」の意味を表し，名詞と同じ働きをする。主語，目的語，補語になるほか，前置詞の目的語になることに注意する。

I read the book without using a dictionary.

「私は辞書を使わないでその本を読んだ」

Nancy learned Japanese by using it every day.

「ナンシーは毎日使うことで日本語を覚えた」

※目的語に不定詞をとる動詞と動名詞をとる動詞

●不定詞を目的語にとる動詞

want「～を望む」

hope「～を希望する」

decide「～を決心する」　など。

●動名詞を目的語にとる動詞

stop「～をやめる」

finish「～を終える」

enjoy「～を楽しむ」　など。

③ 会話文／メール・チャット

 解答

問1 ③　　問2 ②

 全訳

ケビン・ロフトより〈k-loft@hiyoshi. industry.com〉
ジェームズ・ウイルソン様へ〈j-wilson@hiyoshi.industry.com〉
マイケル・ブラウン様へ〈m-brown@hiyoshi.industry.com〉
日付：6月21日
件名：依頼

　こんにちは。カスタマーサポートのケビンです。最近，いくつかの製品の問題についてのメールを受け取りました。多くの電子メールには，携帯電話のバッテリーの寿命に関する多くの共通点がありました。私はあなたたちがこの問題を解決する方法についておそらく最良のアイデアを持っているだろうと思いました。残念ながら，私は返信メールで説明する技術的な知識がありません。また，問題を修正するのにどれくらいの時間がかかるかわかりません。

　この問題を解決できない場合，当社にとって問題となる可能性がありますが，あなた方の技術的なサポートと知識があれば解決できると確信しています。おかげ様で，どんなに大きな問題に見えても，私たちはいつも自信を持っています。この問題を調査する際に，問題のあるすべてのデバイスを修正するための価格も設定したいと思います。

　他にもいくつかあります。バッテリーの寿命は，今年製造されたモデルでのみ問題になるようです。昨年，お客様はバッテリーの問題について何の問題もありませんでした。もう1つはバッテリーの寿命は最初の1か月は問題ないように見えますが，最初の1か月後に突然切れてしまうことです。皆様のご尽力に感謝申し上げますとともに，お客様の笑顔を取り戻すことを楽しみにしております！

　よろしくお願いします，
ケビン・ロフト
カスタマーサポート

解説

問1 「ケビンは何をしたいのか。」 ケビンは問題の解決を望んでいるので，③
「バッテリーに関する問題がどれほど大きそうかを知る。」が答え。

①「問題のある電話のバッテリーを修理するためのお金を手に入れる。」
修理する方法に関して依頼する側なので，誤り。

②「彼らの会社が問題を乗り越えることができると確信する。」「私たち
はいつも自信を持っています。」とあるので，誤り。

④「問題を説明するために技術的知識を進歩させる。」ケビンが知識を進
歩させるわけではないので，誤り。

問2 「どのバッテリーが問題を起こしているのか。」「今年製造されたモデルで
のみ問題になる」，「最初の1か月は問題ないように見えますが，最初の1
か月後に突然切れてしまう」とあるので，②「今年製造され，1か月以上
使用されたバッテリー。」が答え。

①「今年製造され，1か月未満使用されたバッテリー。」 説明に合わない
ので，誤り。

③「昨年製造され，1か月未満使用されたバッテリー。」 説明に合わない
ので，誤り。

④「昨年製造され，1か月以上使用されたバッテリー。」 説明に合わない
ので，誤り。

分詞

1　現在分詞

●進行形〈be 動詞＋現在分詞〉の文で用いる。

Those girls <u>are</u> playing tennis over there.

「あの少女たちは向こうでテニスをしている」

●名詞を修飾する。

I know that running <u>boy</u>.「私はあの走っている少年を知っている」

分詞のあとに語句が続いてまとまった意味を表す場合は，名詞のあとに置く。

I know that <u>boy</u> running with a dog.

「私は犬を連れて走っているあの少年を知っている」

2　過去分詞

●受動態〈be 動詞＋過去分詞〉をつくる。

This letter <u>was</u> written by my aunt.

「この手紙はおばによって書かれた」

●現在完了〈have［has］＋過去分詞〉の文で用いる。

I <u>have</u> never been to Thailand.「タイには行ったことがない」

●名詞を修飾する。

This is a used <u>car</u>.「これは中古車［←使われた車］だ」

分詞のあとに語句が続いてまとまった意味を表す場合は，名詞のあとに置く。

This is a <u>car</u> used by my father.「これは父によって使われている車だ」

CHAPTER 01

④ 会話文／メール・チャット

 解答

問1 ②　　問2 ②　　問3 ③　　問4 ④

問5 ③　　問6 ①　　問7 ①

全訳

ポール先生：こんにちは，美咲。こんにちは，幹太。あなたたちは何を見ていますか？

美咲　　　：こんにちは，ポール先生。日本を訪れた外国人の数についてのプリントを見ています。

幹太　　　：2019年の数が最も多いことがわかりました。

ポール先生：2019年に日本を訪れた人は何人ですか？

幹太　　　：約（a）3,200万です。

ポール先生：なるほど。多くの外国人が日本で楽しい時間を過ごしていると思います。去年，友達の何人かがここに来ました。彼らは日本が好きだと言いました。私はこの人気の国で働くことをとても誇りに思っています。

美咲　　　：日本に来てどれくらいになりますか？

ポール先生：3年です。私は日本がとても好きです。

幹太　　　：日本の良いところは何ですか？

ポール先生：伝統的な場所がたくさんあり，ここの人々はとても親切です。

幹太　　　：それを聞いてとてもうれしいです。多くの人からそういうことをよく耳にします。

ポール先生：日本に留学する外国人もたくさんいます。もっと多くの外国人がここに来ると信じています。それについてどう思いますか？

美咲　　　：(あ)それは本当にいいことだと思います。多くの外国人とコミュニケーションを取り，友達になりたいです。

幹太　　　：私もそう思います。また，他国の文化や習慣についても学ぶことができます。

ポール先生：グローバル化した世界では，他の国の人々が同じ都市に住んでいることがよくあります。私たちが彼らと一緒に暮らすために重要なことは何ですか？

美咲　　　：私たちは各国には独自の文化や習慣がある(b)ことを理解しておくべきだと思います。

ポール先生：はい。それは非常に重要です。

幹太　　　：電車に乗るとき，私はよく英語でのアナウンスを聞いたり，標識を見たりします。しかし，英語だけを使用していて大丈夫でしょうか？他の言語も使うべきだと思います。

美咲　　　：(い)そうですね。プリントを見てください。中国から日本を訪れた人が最も多いです。中国語でのアナウンスと標識がもっと必要です。

ポール先生：そうです。そのようなアナウンスと標識は彼らを大いに助けます。

幹太　　　：私は多くのアジア人が日本を訪れていることにとても驚いています。日本を訪れた韓国人の数は2番目に多いです。そしてアメリカの人々はオーストラリアの約3倍です。

美咲　　　：先月，駅にいた (c) 時，韓国の人が話しかけてきました。まず，彼は私が理解できない言語を話しました。それから，彼は英語で「スーパーマーケットはどこですか？」と言いました。その後，私は彼の質問に答えることができました。私は彼を助けてとてもうれしかったです。私は英語は世界の共通言語であることに気づきました。

ポール先生：それは良い経験でした。英語は世界中の多くの人々に使われています。英語を使えば，より多くの人とコミュニケーションをとることができます。だから，英語の勉強を楽しみましょう。それからもう1つあります。多くの外国人と話すことは彼らの国を理解するために重要です。それを忘れないでください。

幹太　　　：なるほど。どうもありがとうございました。

 解説

問1　2019年に日本を訪れた人は，図表1によると3188万人なので，②が答え。million は「百万」という意味を表す。

問2　直前のポール先生の発言にある「もっと多くの外国人がここに来る」ことを指しているので，②が答え。

問3　(b)　〈that S V〉という形の that 節は「〜こと」という意味を表す。

　　　(c)　when は「〜時」という意味を表す。

問4　直前の幹太の発言にある「他の言語も使うべきだと思います」ということに賛成しているので，④が答え。

問5　幹太の最後から2つ目の発言にある「日本を訪れた韓国人の数は2番目に多いです。そしてアメリカの人々はオーストラリアの約3倍です」という内容に合うので，③が答え。

問6　ポール先生は日本に3年いると言っているので，①が答え。

問7　①　「2015年には2014年よりもっと多くの外国人が日本を訪れた。」図表1に合うので，答え。

　　　②　「2012年に日本を訪れた外国人の数は一番少なかった。」図表1によ

ると，2012 年より 2011 年の方が少ないので，誤り。

③ 「2019 年に，台湾から 6 百万以上の人々が日本に来た。」 図表 2 によると，台湾から日本に来た人の数は 489 万人なので，誤り。

④ 「2018 年に日本を訪れた外国人の数は 2013 年の 2 倍多い。」 図表 1 によると，3 倍以上なので，誤り。

図表についての問題を解くために長文を読み返すのは大変です……。

先に図表の内容と問題を確認してから文章を読み，解く際に使えそうな情報に下線を引いておこう。すぐに答えがわかりそうだったら，先にグラフの問題だけを解いてしまってもいいよ。

不定詞

1 名詞的用法 「～すること」

My dream is to travel around the world.

「私の夢は世界を旅してまわることだ」

2 形容詞的用法 「～するための」

I want more friends to play tennis with.

「私はいっしょにテニスをする友達がもっとほしい」

3 副詞的用法（目的，原因・理由） 「～するために」「～して」

I stopped to ask the way at the corner.

「私は角で道をたずねるために立ち止まった」［目的］

Nancy looked sad to hear the news.

「ナンシーはその知らせを聞いて悲しそうだった」［原因・理由］

4　不定詞を用いた表現

● It is ～（for+ 人）+to+ 動詞の原形「…することは（人にとって）～だ」

It is <u>necessary</u> for <u>you</u> to study every day.

「毎日勉強することがあなたには必要だ」

It は形だけの主語（形式主語）。to study 以下が意味の上での主語（真主語）。

●〈疑問詞 +to+ 動詞の原形〉　動詞の目的語になる。

I know how to get there.

「私はどうやってそこへ行けばよいか知っている」　SVO の文。

He told me what to do next.

「彼は私に次に何をするのか教えてくれた」　SVOO の文。

〈疑問詞 +to+ 動詞の原形〉は目的語になる。第 4 文型でも用いる。

●〈want ／ tell ／ ask+ 人 +to+ 動詞の原形〉

I want <u>you</u> to come here.「私はあなたにここへ来てほしい」

He told <u>me</u> to hurry.「彼は私に急ぐように言った」

● too ～（for+ 人）to+ 動詞の原形

「（人が）…するにはあまりにも～，～すぎて（人には）…できない」

This tea is too <u>hot</u> to drink.「この紅茶は熱すぎて飲めない」

to drink の前に for me を入れると「私には飲めない」の意味になる。

● enough（for+ 人）to+ 動詞の原形「（人が）…するのに十分～」

He is <u>old</u> enough to drive a car.「彼は車の運転ができる年齢だ」

enough は「十分なほど」の意味で old を修飾している。

学習のポイント

● ウェブサイト広告に載っている情報をそれぞれ比較してみよう

● 資料と文脈から会話の内容をとらえる

高校生の結衣(Yui)と留学生のエマ(Emma)がウェブサイトを見ながら話をしています。次の会話文を読んで設問に答えなさい。

Emma:	Do we have dinner tonight ? Do you know any good restaurants ?
Yui:	I'll check some websites. There are some websites about popular restaurants near Kameari Station. Oh, look. There are five restaurants on this website. Which one do you want to go ?
Emma:	Thank you for searching, Yui. I always eat traditional food when I visit foreign countries but I have never tried Japanese traditional food. I want to try it !
Yui:	Then, ①(＿＿) and Restaurant D are not good choices. We won't be able to enjoy Japanese food.
Emma:	Now, check other restaurants. We have three options.
Yui:	What time is the best for you ? I will make a reservation.
Emma:	During my stay in Japan, I live with my host family. I usually go back home around 8:00 p.m. after club activity. However, I must go back home by 7:00 p.m. today ②(＿＿) I am going to watch a soccer game on TV.
Yui:	How long does it take to get home ?
Emma:	It takes about an hour from Kameari Station.
Yui:	Then, we can't eat at ③(＿＿). If we eat there, you will not get home by 7:00 p.m. Is there any food that you can't eat ?
Emma:	Actually, I am vegetarian, so I can't eat meat.
Yui:	OK. How about ④(＿＿) ? It is the best for us !
Emma:	That sounds great !
Yui:	⑤(＿＿)

★結衣とエマが見ているウェブサイト

Popular Restaurants Ranking in Kameari

♛No.1 Restaurant A

Opening hours: 6:30 p.m.-11:00 p.m.

Comments: Sushi is made with rice and other food like seafood and vegetables. You can eat fresh fish we caught in Tokyo Bay.

♛No.2 Restaurant B

Opening hours: 6:30 p.m.-10:00 p.m.

Comments: Our Indian curry is the best ! All chefs came from India so you can experience real Indian curry. Please tell us if you don't like spicy food.

♛No.3 Restaurant C

Opening hours: 3:00 p.m.-10:00 p.m.

Comments: We have selected Japanese beef. You can also order poke.

♛No.4 Restaurant D

Opening hours: 11:00 a.m.-8:00 p.m.

Comments: You can enjoy special Italian food. Everyone orders Margherita Pizza. We use fresh vegetables made in Japan.

♛No.5 Restaurant E

Opening hours: 3:00 p.m.-7:00 p.m.

Comments: Tempura is seafood or vegetables that have been fried in oil. Please eat it with salt while it is hot.

問1　下線部①，③，④の（　　　）に適するレストランをそれぞれ選び，記号で答えなさい。

　ア　Restaurant A　　　イ　Restaurant B　　　ウ　Restaurant C　　　エ　Restaurant D
　オ　Restaurant E

①（　　　）　　③（　　　）　　④（　　　）

問2　下線部②の（　　　）に適する語を1つ選び，記号で答えなさい。

　ア　so　　　　　　　イ　but　　　　　　　ウ　because　　　　　エ　before

（　　　）

問3　下線部⑤の（　　　）に入る最も適切なものを1つ選び，記号で答えなさい。

　ア　See you tomorrow.

　イ　Then, let's check another website.

　ウ　I am really looking forward to eating there.

　エ　I'll go back home as soon as I can.

（　　　）

 学習のポイント

● 数字の入っているパンフレット等は，文章だけでなく数字にも注目しよう
● 本文以外の部分も正しく読み取る

レシピを読み，質問に対する解答として最も適切なものを選び，番号で答えなさい。

Easy Oven Recipes

The World's Best Lasagna

Ingredients

300g	sausage meat	2cans	tomato sauce
200g	beef	1/2cup	water
1/2	onion	12	lasagna noodles
2	garlic cloves	200g	cheese
		a little	salt
		a little	pepper

Instruction

1. Cut onions and garlic into small pieces.
2. Cook sausage meat, beef, onions and garlic cloves over a medium heat, then add a little salt and pepper.
3. Add the tomato sauce and water, heat over a low heat for one hour.
4. Prepare lasagna noodles in boiling water for 10 minutes while cooking the meat sauce.
5. Spread the meat sauce in the bottom of a baking dish. Arrange 4 noodles over the meat sauce. Spread the cheese. Repeat this two times.
6. Bake in the oven for 30 minutes. Serve hot.

*****Reviews and comments ***

 @Jenny ★★★★★ January 15, 2020
I love this recipe. This was my second time making it, so I added other ingredients: spinach, mushrooms and eggplants. It turned out well.

 @William ★★★★ October 21, 2019
I made it for my wife on her birthday. She really loved it. I don't usually cook, but I could do it. So, this recipe is good for beginners.

問 1   What should you do while you are cooking the meat sauce ?

①   Cut vegetables.

②   Boil lasagna noodles.

③   Spread cheese in a baking dish.

④   Bake the lasagna.

(   )

問 2   How long do you bake the lasagna in the oven ?

①   ten minutes

②   half an hour

③   one hour

④   two hours

(   )

問 3   According to the reviews, who is this recipe best for ?

①   vegetarians

②   small children

③   elderly people

④   beginners of cooking

(   )

③ 資料読解

　学習のポイント

● 選択肢とグラフを比較して答えよう

● 比較表現に注目してグラフと照らし合わせる

次のグラフの内容を表したものとして最も適切なものを①～④から１つ選び，番号で答えなさい。

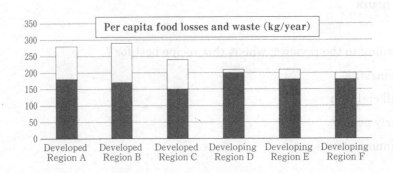

（注）　per capita　1人あたりの

① The annual per capita food losses and waste before reaching home is not as large as the annual per capita food waste at home in all of the regions.

② The total amount of the annual per capita food losses and waste from production to retailing and food waste at home in Developing Region D is smaller than that in Developed Region A.

③ The annual per capita food losses and waste from production to retailing in Developed Region C is larger than that in Developing Region E.

④ Developed Region B has not only the largest annual per capita food losses and waste before reaching home but the largest annual per capita food waste at home of all the regions.

(   )

④ 資料読解

学習のポイント

● 聞かれていることやグラフの各項目を正確にとらえよう

● 提示された数字も意識して答える

海洋ゴミ (marine debris) に関する次のグラフと図を見て，設問の空欄にあてはまる最も適切なものを選び，番号で答えなさい。

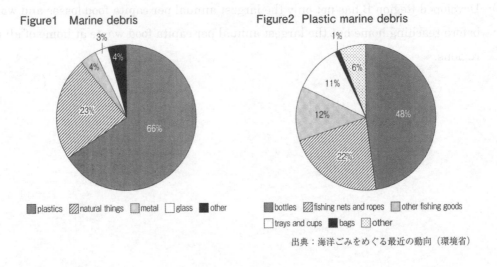

Figure1　Marine debris

3%
4%
4%
23%
66%

■ plastics　◨ natural things　◧ metal　□ glass　■ other

Figure2　Plastic marine debris

1%
6%
11%
12%
48%
22%

■ bottles　◨ fishing nets and ropes　◧ other fishing goods
□ trays and cups　■ bags　◩ other

出典：海洋ごみをめぐる最近の動向（環境省）

Figure3　Plastics production in 2014 and 2050

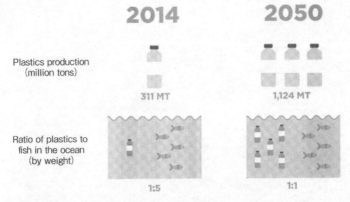

2014　　　　2050

Plastics production
(million tons)

311 MT　　　1,124 MT

Ratio of plastics to
fish in the ocean
(by weight)

1:5　　　　1:1

出典：The New Plastics Economy Rethinking the future of plastics（World Economic Forum 2016）

問 1　About _____ of marine debris is plastics.

①　a half　　　　　　②　a quarter　　　　③　two thirds　　　　④　one third

（　　　　　）

問 2　Almost half of plastic marine debris is _____.

①　bottles　　　　　②　all fishing goods　③　trays and cups　④　bags

（　　　　　）

問 3　About one third of plastic marine debris is _____.

①　bottles and other　　　　　　　②　all fishing goods

③　trays, cups and bags　　　　　　④　other fishing goods

（　　　　　）

問 4　In 2050, humans will produce about _____ as much plastic as in 2014.

①　1.6 times　　　　②　2.6 times　　　　③　3.6 times　　　　④　4.6 times

（　　　　　）

問 5　There will be _____ fish in the ocean in 2050.

①　more plastic than　　　　　　　②　less plastic than

③　as much plastic as　　　　　　　④　five times as much plastic as

（　　　　　）

学習のポイント

● いつ, 何が起きたのかを図から読み取って考えよう

● 抱えていた問題点などの細かい情報にも注目する

Electric cars are not new. They have been around since the 1800s. Look at the timeline to learn about the history of electric cars.

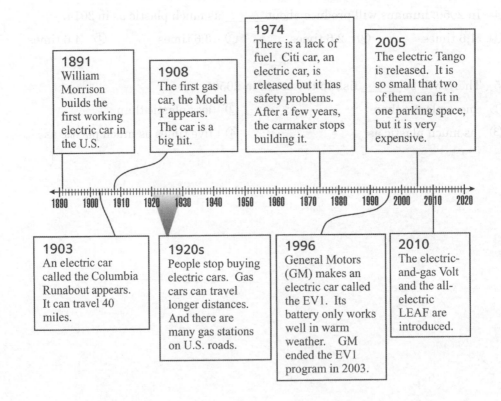

1891
William Morrison builds the first working electric car in the U.S.

1908
The first gas car, the Model T appears. The car is a big hit.

1974
There is a lack of fuel. Citi car, an electric car, is released but it has safety problems. After a few years, the carmaker stops building it.

2005
The electric Tango is released. It is so small that two of them can fit in one parking space, but it is very expensive.

1890　1900　1910　1920　1930　1940　1950　1960　1970　1980　1990　2000　2010　2020

1903
An electric car called the Columbia Runabout appears. It can travel 40 miles.

1920s
People stop buying electric cars. Gas cars can travel longer distances. And there are many gas stations on U.S. roads.

1996
General Motors (GM) makes an electric car called the EV1. Its battery only works well in warm weather. GM ended the EV1 program in 2003.

2010
The electric-and-gas Volt and the all-electric LEAF are introduced.

According to the timeline, which TWO sentences are correct ?

① People could not get an electric car easily because it was popular.

② The first electric car appeared in the 1900s.

③ In the early 1900s, gas cars became popular because they could travel long distances.

④ In 1974, there were safety problems because of a lack of gas.

⑤ The battery of the electric car GM made did not work well in cold weather.

⑥ The Tango was an electric car which was small and easy to buy.

(   ) (   )

① **資料読解**

問1 ① イ ③ ア ④ オ 問2 ウ 問3 ウ

エマ：今晩，一緒に夕食を食べましょうか。あなたはどこか良いレストランを知っていますか。

結衣：ウェブサイトをチェックしましょう。カメアリ駅近郊の人気のあるレストランに関するいくつかのウェブサイトがあります。あっ，見てください。5つのレストランがウェブサイトに掲載されています。どれに行きたいですか。

エマ：結衣，探してくれてありがとうございます。外国へ訪れた時には，私はいつも伝統料理を食べますが，私は日本の伝統的な食べ物を食べたことがありません。私はそれを食べてみたいです！

結衣：それでは，①レストランBとレストランDは良い選択とは言えません。和食を楽しむことができません。

エマ：さあ，別のレストランをチェックしましょう。3つの選択肢がありますね。

結衣：何時があなたにとって一番都合が良いですか。私が予約しましょう。

エマ：日本の滞在中には，私はホストファミリーと生活しています。クラブ活動後，私は通常午後8時に帰宅します。でも，テレビでサッカーの試合を見ることになっている②ので，今日は午後7時までには帰宅しなければなりません。

結衣：帰宅するのに，どのくらい時間がかかりますか。

エマ：カメアリ駅からおよそ1時間かかります。

結衣：それでは，③レストランAでは食べられませんね。もしそこで食事をしたら，午後7時までには家に帰ることができないでしょう。あなたは食べられない食べ物がありますか。

エマ：実は私は菜食主義者なので，肉を食べることができません。

結衣：わかりました。④レストランEはどうですか。私達にとっては最良です！

エマ：良さそうですね！

結衣：⑤そこで食事をすることを本当に楽しみにしています。

【結衣とエマが見ているウェブサイト】

カメアリの人気のあるレストランのランキング

No.1 レストラン A

　営業時間：午後 6:30 ― 午後 11:00

　コメント：寿司は米と魚介類や野菜のような他の食材から作られています。東京湾で獲れた新鮮な魚を食べることができます。

No.2 レストラン B

　営業時間：午後 6:00 ― 午後 10:00

　コメント：私達のインドカレーは一番です！　料理人全員がインド出身なので，本当のインドカレーを体験できます。辛い食べ物が好きではない場合は言ってください。

No.3 レストラン C

　営業時間：午後 3:00 ― 午後 10:00

　コメント：和牛を厳選しています。豚肉も注文できます。

No.4 レストラン D

　営業時間：午前 11:00 ― 午後 8:00

　コメント：特別なイタリア料理を楽しむことができます。皆さんがマルゲリータピザを注文します。日本で栽培された新鮮な野菜を使用しています。

No.5 レストラン E

　営業時間：午後 3:00 ― 午後 7:00

　コメント：てんぷらは油で揚げた魚介類や野菜です。出来立てを塩で食べてください。

 解説

問1　①　エマが和食を食べたいと述べていて，空所を含む文は「それでは（　①　）とレストラン D は良い選択ではない」の意味なので，和食を提供しないレストラン B を選ぶ。

　　　③　午後 7 時までに帰宅しなければならず，レストランのある駅周辺から家まで 1 時間かかり（レストランを午後 6 時に出なければならない），空所を含む文は「それでは，（　③　）では食べることができない」の意であることから，午後 6 時半開店のレストラン A を選ぶ。

　　　④　空所を含む文と次の文は「（　④　）はいかがですか。私達にとっては最も良いです」の意。和食で，7 時までに帰宅でき，食材に肉を含まないという条件を満たすレストラン E が空所に該当することになる。

How about ～? 「～はいかがですか」 best「最も良い［良く］」 ← good
／ well の最上級

問2 「でも，テレビでサッカーの試合を見ることになっている②ので，午後7
時までには帰宅しなければなりません」「午後7時までに帰宅しなけれ
ばならない」と「テレビでサッカーの試合を見ることになっている」の2
文の関係から考えること。正解は，理由を表す because。must「～しな
ければならない，～に違いない」〈be 動詞 + going + 不定詞［to + 原形］〉
「～するつもりだ，～する予定だ」 by「までには」

問3 食事をするレストランが決定した場面にふさわしいセリフを選択するこ
と。正解は，ウ「そこで食べることを本当に楽しみにしている」。am
really looking forward to ← 進行形〈be 動詞 + 現在分詞［原形 + -ing］〉
look forward to「～を楽しみに待つ，期待する」

ア 「明日，会いましょう」（×） これから一緒に食事をしようとしてい
るので不可。

イ 「それでは，別のウェブサイトをチェックしましょう」（×） 行き先
は決定してこれ以上調べる必要がないので不可。

エ 「できるだけ早く家に帰ります」（×） 文脈に合わない。〈as ～ as
+ 主語 + can〉「できるだけ～」

比較

1 原級を用いた表現

〈as+ 原級 +as ～〉で「～と同じくらい…」の意味を表す（同等比較）。否定文で用いると「～ほど…ない」の意味になる。

He plays tennis <u>as</u> well <u>as</u> you.

「彼はあなたと同じくらい上手にテニスをする」

2 比較級を用いた表現

〈比較級 +than ～〉で「～よりも…」の意味を表す。比較の対象を言う必要がない場合は than ～は省略される。

Your bike is newer <u>than</u> mine.

「あなたの自転車は私のよりも新しい」

This flower is more beautiful <u>than</u> that one.

「この花はあの花よりも美しい」

3 最上級を用いた表現

〈the+ 最上級 +in［of］～〉で「～の中で最も…」の意味を表す。副詞の最上級には the をつけてもつけなくてもよい。

Jack can run the fastest <u>in</u> my class.

「ジャックは私のクラスで最も速く走ることができる」

This book is the most interesting <u>of</u> the three.

「この本は 3 冊の中で最もおもしろい」

● 「～の中で」の意味を表す in は「（範囲・集団）の中で」，of は「（同じ種類）の中で」という場合に用いる。in のあとには単数形の名詞，of のあとには複数形の名詞がくる。

He is the tallest boy in <u>my class</u>.

「彼は私のクラスで最も背が高い少年だ」

Mary was the busiest of <u>us all</u>.

「メアリーは私たち全員の中で最も忙しかった」

●比較級・最上級は形容詞・副詞の原級に -(e)r, -(e)st をつけて作るのが基本だが, 原則として母音が 3 つ以上ある語の場合は〈more+ 原級〉,〈the most + 原級〉の形になる。この形に変化する語には, 次のようなものがある。

beautiful「美しい」 careful「注意深い」 difficult「難しい」

exciting「わくわくさせる」 famous「有名な」

interesting「おもしろい」 popular「人気のある」 など。

●比較級・最上級は次のように不規則に変化するものがある。

good / well-better-best　　many / much-more-most

bad / ill-worse-worst

4 様々な慣用表現

●「だんだん［ますます］〜」〈比較級 and 比較級〉

It is getting hotter and hotter.「だんだん暑くなってきている」

●「…の〜倍―だ」

〈〜 times as + 原級 + as … / 〜 times + 比較級 +than …〉

China is about twenty-six times as large as Japan.

=China is about twenty-six times larger than Japan.

「中国は日本のおよそ 26 倍の大きさだ」

●「これまでにした中で最も…」

This is the most interesting movie that I have ever seen.

「これは私がこれまでに見た中で最もおもしろい映画だ」

=I have never seen such an interesting movie.

「私はこのようなおもしろい映画を見たことがない」

●「他のどの〜よりも…」〈比較級 +than any other+ 単数名詞〉

He is taller than any other boy in my class.

「彼は私のクラスの他のどの少年よりも背が高い」

=He is the tallest boy in my class.

「彼は私のクラスで最も背が高い少年だ」

② **資料読解**

解答

問1　②　　問2　②　　問3　④

全訳

簡単なオーブン調理法

　世界一おいしいラザニア

材料

ソーセージ用ひき肉	300g	トマトソース	2缶
牛肉	200g	水	1/2カップ
玉ねぎ	1/2個	ラザニア生地	12枚
にんにく	2片	チーズ	200g
		塩	少々
		こしょう	少々

説明

1.　玉ねぎとにんにくをみじん切りにする。

2.　ソーセージ用ひき肉と牛肉，玉ねぎ，にんにくを中火で調理し，それから塩とこしょうを少々加える。

3.　トマトソースと水を加え，弱火で1時間加熱する。

4.　ミートソースを調理している間に，ラザニア生地を沸騰しているお湯で10分間下準備する。

5.　オーブン皿の底にミートソースを広げる。ミートソースの上に4枚の生地をきちんと並べる。チーズを広げる。これを2回繰り返す。

6.　オーブンで30分間焼く。熱いうちに出す。

批評と意見

　ジェニー★★★★★　2020年1月15日

　私はこの調理法が大好きです。これを作るのは2回目なので，他の材料，ほうれん草やマッシュルーム，なすを加えました。うまく行きました。

　ウィリアム★★★★　2019年10月21日

　私は私の妻のために彼女の誕生日にそれを作りました。彼女はそれが本当に大好きでした。私はふだんは料理をしませんが，作ることができました。だから，この調理法は初心者に良いです。

解説

問1 「ミートソースを調理している間に，何をするべきか」 ① 「野菜を切る」（×） ② 「ラザニア生地をゆでる」(○) 説明の4番目参照。 ③ 「オーブン皿にチーズを広げる」（×） ④ 「ラザニアを焼く」（×）

問2 「ラザニアをオーブンでどのくらい焼くか」 ① 「10分」（×） ② 「30分」（○） 説明の6番目参照。 ③ 「1時間」（×） ④ 「2時間」（×）

問3 「批評によると，この調理法は誰にとって最も良いか」 ① 「菜食主義者」（×） ② 「幼い子供」（×） ③ 「年配の人々」(×) ④ 「調理の初心者」（○） 批評と意見の2番目（ウィリアム）参照。

 ## 受動態

1 受け身の文（受動態）

〈be 動詞＋過去分詞〉で動作を受ける側が主語となる表現になり，「～される［されている］」の意味を表す。これに対し，「～を［に］…する」という形の文を能動態という。

This song is known all over the world.
「この歌は世界中に知られている」

I was surprised at the news. 「私はその知らせに驚いた」

● be 動詞を用いる文なので，疑問文・否定文の形，過去形・未来形は be 動詞の文の場合と同じ。過去分詞はそのままにする。

肯定文 English is used in this country.
「この国では英語が使われている」

疑問文 Is English used in this country ?
「この国で英語は使われていますか」

否定文 English is not used in this country.
「この国で英語は使われていない」

過去形 A big house was built here. 「ここに大きな家が建てられた」

未来形　A big house will be <u>built</u> here.

　　　「ここに大きな家が建てられるだろう」

● 「(人) によって〜される」と〈行為者〉を示すときは〈by + 人〉で表す。

This picture was painted <u>by</u> Meg.「この絵はメグによって描かれた」

※能動態の目的語が受動態の主語になる。

<u>Mike</u> <u>made</u> <u>this chair</u>.「マイクがこのいすを作った」

　　　S　　V　　　O

<u>This chair</u> <u>was made</u> by Mike.「このいすはマイクによって作られた」

　　　S　　　　　V

※目的語が2つある第4文型の文 (S + V + O + O) は原則として2
通りの受動態の文に書き換えることができる。また，第5文型 (S +
V + O + C) の文の補語は，受動態でも位置・形は変わらない。

She gave <u>me</u> a nice bag.

「彼女は私にすてきなかばんをくれた」(第4文型)

→ I <u>was given</u> a nice bag by her. / A nice bag <u>was given</u> me by her.

My friends call <u>me</u> Ken.「友達は私をケンと呼ぶ」(第5文型)

→ I am called <u>Ken</u> by my friends.

● by 以外の前置詞が続く受動態は，熟語として覚えるべきものが多い。

I am interested in music.「私は音楽に興味がある」

=Music interests me.「音楽は私に興味を持たせる」

This house is made of wood.「この家は木でできている」

= They[We] made this house <u>of</u> wood.

of は元の材料の性質が変化しない場合に，from は性質が変化する場合
に用いる。この場合は of [from] 以下の名詞が能動態の主語になるの
ではないことに注意。その他に be covered with 〜「〜で覆われている」，
be known to 〜 「〜に知られている」など。

● 2語以上でまとまった意味を表すものは受動態でも語順は同じになる。

He looked after the dog. → The dog <u>was</u> looked after by him.

「その犬は彼によって世話された」

CHAPTER 02

③ **資料読解**

解答

②

解説

① 「すべての地域において，家庭に届く前の年間1人あたりの食品ロスおよび廃棄は，家庭における年間1人あたりの食品廃棄ほど多くはない。」（×）

② 「発展途上地域Dにおける，年間1人あたりの生産から小売までの食品ロスおよび廃棄と家庭における食品廃棄の合計は，先進地域Aのそれよりも小さい。」（○）

③ 「先進地域Cにおける年間1人あたりの生産から小売までの食品ロスおよび廃棄は，発展途上地域Eのそれよりも多い。」（×）

④ 「先進地域Bは，家庭に届く前の年間1人あたりの食品ロスおよび廃棄が最も多いだけでなく，家庭における年間1人あたりの食品廃棄も全地域の中で最も多い。」（×）

関係代名詞

●関係代名詞には名詞を修飾する働きと，主格，目的格などの代名詞の働きがある。

1 主格の関係代名詞

I know that girl who has a book in her hand.

「私は手に本を持っているあの少女を知っている」

関係代名詞が主格の代名詞の働きをする。先行詞が〈人〉の場合はwho。〈人以外〉の場合はwhich。また，that はいずれの場合にも用いることができる。

That is a house which was built last week.

「あれは先週建てられた家だ」

which 〜 week の部分は名詞 house を修飾する。修飾される名詞を先行詞という。

which は a house を受け，was built に対する主語になっている（which=it）。

2 目的格の関係代名詞

This is a picture which I took in Kyoto.

「これは私が京都で撮った写真だ」

Tell me everything that you know about him.

「彼について知っていることをすべて私に話しなさい」

関係代名詞が目的格の代名詞の働きをする。先行詞が〈人以外〉の場合は which。that は〈人〉でも〈人以外〉でも用いることができる。

The boy that I saw in the park was Jim.

「私が公園で会った少年はジムだ」

that 〜 park の部分は名詞 boy を修飾する。

that は The boy を受け，I saw に対する目的語になっている(that=him)。

●目的格の関係代名詞は省略できる。

I have a book（which）he wrote.「私は彼が書いた本を持っている」

●次のような場合は that が用いられる。

① 先行詞に「すべて」「ない」の意味がついたり，その意味を含む語句が先行詞の場合

<u>All</u> the people that saw the game were excited.

「その試合を見た人はみな興奮した」

② 先行詞に最上級の形容詞がつく場合

This is the <u>oldest</u> stamp that I have.

「これは私が持っている中で最も古い切手だ」

③ 先行詞に次のような語句がつく場合

the only「唯一の」, the same「同じ」 など。

She is <u>the only</u> student that could answer the question.

「彼女はその質問に答えることができた唯一の生徒だ」

④ 先行詞が〈人＋人以外〉の場合

The <u>girl and the dog</u> that are running over there are cute.

「向こうを走っている少女と犬はかわいらしい」

⑤ who で始まる疑問文の直後に who が続く場合

<u>Who</u> that knows him will believe his words ?

「彼を知っているだれが彼の言葉を信じるだろうか」

CHAPTER 02

④ 資料読解

解答

問1　③　　　問2　①　　　問3　②　　　問4　③　　　問5　③

解説

問1　「海洋ゴミの約（　）がプラスチックだ。」海洋ゴミの66％がプラスチックである。two thirds「3分の2」

問2　「プラスチックの海洋ゴミのほぼ半分が（　）だ。」プラスチックの海洋ゴミの48％がペットボトルである。

問3　「プラスチックの海洋ゴミの約3分の1が（　）だ。」海洋ゴミの3分の1は「釣りのネットやロープ」「他の釣り道具」である。

問4　「2050年，人類は2014年の約（　）倍のプラスチックを生産するだろう。」2050年のプラスチック製造の量は1124MTで，2014年は311MTであるので，約3.6倍である。

問5　「2050年の海には魚（　）になるだろう。」2050年には，海の魚の重さと海洋ゴミの重さは1：1になる。

どのグラフや図を見たらよいのかわかりません……。

凡例や図中のイラストをよく見て，まずはそれぞれが何を表しているものかを整理してみよう。

間接・付加・否定疑問

1 間接疑問

疑問詞で始まる疑問文が動詞の目的語になる文。〈疑問詞＋主語＋動詞～〉の語順になる。

I know who that boy is. 「私はあの少年がだれだか知っている」

I told him where she was at that time.
「私は彼にそのとき彼女がどこにいるのか教えた」

●間接疑問は名詞節になるので，時制の一致を受ける。

I know what you have in your hand.
「私はあなたが手に何を持っているか知っている」

I knew what you had in your hand.
「私はあなたが手に何を持っているか知っていた」

●間接疑問は第4文型でも用いられる。

I asked her what subject she liked.
「私は彼女に何の科目が好きか尋ねた」

2 付加疑問

相手に念を押したり，確認を求めるときの表現。念を押すときは文末を下げ調子，確認を求めるときは上げ調子で読む。肯定文は〈(助)動詞の否定形＋主語(代名詞)〉を，否定文は〈(助)動詞＋主語(代名詞)〉を文末につける。

That man is a famous singer, isn't he ?
「あの男の人は有名な歌手ですよね」

She didn't come here yesterday, did she ?
「彼女は昨日ここに来ませんでしたよね」

●肯定の答えならば Yes, 否定の答えならば No で答える。

This is your book, isn't it ? ― Yes, it is. / No, it isn't.
「これはあなたの本ですよね」
― 「はい，そうです／いいえ，ちがいます」

He doesn't like cats, <u>does he</u> ? — Yes, he does. / No, he doesn't.

「彼はネコが好きではないですよね」

— 「いいえ，好きです／はい，好きではありません」

※英語では肯定の内容ならば Yes, 否定の内容ならば No で答える。

　日本語の「はい／いいえ」と感覚が異なる場合があるので注意する。

● There is ［are］ ～ . の文 , 命令文の付加疑問

There is a cat under the tree, isn't there ?

「木の下にネコがいますね」

Read this book, will you ?

「この本を読んでくれませんか」…「依頼」を表す文になる。

Let's go shopping, shall we ?

「（一緒に）買い物に行きませんか」…相手を誘う表現になる。

3 否定疑問

Isn't this your bike ? — Yes, it is.

「これはあなたの自転車ではないのですか」—「いいえ，私の自転車です」

否定文を疑問形にした文。Yes / No の答え方に注意する。

<u>Didn't</u> he come here ? — Yes, he did. / No, he didn't.

「彼はここに来なかったのですか」

— 「いいえ，来ました／はい，来ませんでした」

⑤ 資料読解

解答

③, ⑤

全訳

電気自動車は新しいものではありません。それらは 1800 年代から存在しています。電気自動車の歴史を学ぶため，年表を見てください。

1891 年	ウィリアム・モリソンが，アメリカで最初の実用的な電気自動車を製造する。
1903 年	コロンビアランナバウトと呼ばれる電気自動車が登場する。40 マイル移動できる。
1908 年	最初のガソリン車，モデル T が登場する。車は大ヒットする。
1920 年代	人々が電気自動車の購入をやめる。ガソリン車はより長い距離の移動が可能になる。加えてアメリカの道路には多くのガソリンスタンドがある。
1974 年	燃料が不足する。電気自動車のシティカーが発売されるが，安全上の問題がある。数年後，自動車メーカーは製造を中止する。
1996 年	ゼネラルモーターズ（GM）は EV1 と呼ばれる電気自動車を製造する。そのバッテリーは暖かい天候でのみうまく機能する。GM は 2003 年に EV1 計画を終わらせた。
2005 年	電気自動車タンゴが発売される。1 台分の駐車スペースに 2 台が収まるほど小さいが，非常に高価である。
2010 年	電気とガソリンのボルトと全て電気の LEAF が導入される。

解説

① 「電気自動車は人気があったため，人々は簡単に手に入れることができなかった」（×）「1920 年代」より，人気があったのはガソリン車であるので不適切。

② 「最初の電気自動車は 1900 年代に登場した」（×）最初の電気自動車は 1891 年に登場したので不適切。

③ 「1900 年代初頭，長距離を移動できるため，ガソリン車が人気を博した」（○）1908 年に登場したガソリン車は大ヒットしたので適切。

④　「1974 年，ガソリン不足のために安全上の問題があった」（×）安全上の問題があったのは電気自動車なので不適切。

⑤　「GM 製の電気自動車のバッテリーは，寒い天候ではうまく機能しなかった」（○）1996 年に製造された電気自動車のバッテリーは暖かい天候でのみで機能したので適切。

⑥　「タンゴは小さくて買いやすい電気自動車だった」（×）タンゴは高価だったので不適切。

図のどの部分を見て，選択肢の正誤を判断したらよいのかな？

選択肢と同じキーワードが出ている部分を探そう。その部分の文章をよく読めば，選択肢の正誤がわかってくるよ。

1 前置詞

I met my teacher at the store near the station.

「私は駅の近くの店で先生に会った」

●前置詞は名詞(句)の前に置いて，他の語句を修飾する。

We played soccer in the park.

「私たちは公園でサッカーをした」

…in the park は動詞 played を修飾。

The hat on the chair is mine.

「いすの上の帽子は私のものだ」

…on the chair は名詞 hat を修飾。

※次のような前置詞の意味の違いに注意する。

●「場所」を表す at と in

場所を1つの点ととらえる場合は at，空間ととらえる場合は in。

I found the purse at this point in the park.

「私は公園のこの地点で財布を見つけた」

●「時」を表す by と till [until]

by は「期限」，till [until] は「期間」を表す。

Come here by ten. 「10時までにここに来なさい」

…10時が期限であることを表す。

Let's wait for her till ten. 「10時まで彼女を待とう」

…10時まで「待つ」動作が続くことを表す。

● in front of ～「～の前に」，at the back of ～「～の後ろに」などは，前置詞と同じ働きをする。

　Your bag is in front of the door. 「あなたのかばんはドアの前にある」

●前置詞のあとに動詞を続ける場合は動名詞にする。

Eat breakfast before going to school.

「学校へ行く前に朝食を食べなさい」

2 接続詞

●等位接続詞（and, but, or, so など）は名詞と名詞，動詞と動詞など同じもの同士をつなぐ。

I got up and washed my face.「私は起きて顔を洗った」

She sat between Tom and Mary.
「彼女はトムとメアリーの間に座った」

●従属接続詞（when, if, because, that など）は〈S + V〉を含む意味のまとまり（節）をつなぐ働きをする。

You will catch the bus if you walk faster.
「もっと速く歩けば，あなたはバスに間に合うだろう」
副詞節を導くものと名詞節を導くものがある。

I stayed home because it was too cold.
「私はあまりに寒かったので家にいた」

　…because 以下の節は副詞と同じように動詞 stayed を修飾する。

I know that he is busy.
「私は彼が忙しいことを知っている」

　…that 以下は名詞と同じように know の目的語になる。接続詞の
　that は省略できる。

●決まった組み合わせになる表現の例

between ～ and …「～と…の間で」

either ～ or …「～か…のどちらか」

not only ～ but（also）…「～だけでなく…も」

as soon as ～「～するとすぐに」

as ～ as possible（… can）「（…が）できるだけ～」

so ～ that …「とても～なので…」

CHAPTER 03

① 長文読解／論説文

学習のポイント

● 長文読解では，まずは設問文に対応している部分を探してみよう

● 本文を正確に読み，できごとを把握する

次の英文を読んで，設問の英文の中で本文の内容に合っているものには○，そうでないものには×を答えなさい。

British people often eat sandwiches for lunch. Children take them to school in their packed lunch. Many office workers buy sandwiches in supermarkets or convenience stores. Cheese, chicken, egg, ham, and tuna are very popular foods to put into sandwiches.

A long time ago, British people ate bread for dinner. However, in the 1760s, there was a new snack － "a sandwich." This was invented by a very rich powerful man. His name was the Earl of Sandwich. Of course, the Earl of Sandwich lived in Sandwich! Sandwich is a small town in the south of England.

The Earl of Sandwich liked playing cards with his friends. Sometimes, he played cards very late at night. He became hungry but he did not want to stop the games. So, he asked his servant for a simple meal, "Bring me some meat and bread." However, the servant put the meat inside two slices of bread! The Earl's friends wanted to eat the same meal. It was called "Bread, Meat, and Cheese." They liked the taste, but the name was too long! Finally, they asked, "Bring us a Sandwich."

At first, only rich men ate sandwiches when they were playing cards. Later, sandwiches became a popular night-time snack for many people. Then, in the 1800s, factory workers started eating sandwiches for an easy and cheap lunch. Now, many people all over the world eat the Earl of Sandwich's snack. Over one billion sandwiches are eaten every day!

（注）　packed lunch 弁当　　the Earl of Sandwich サンドイッチ伯爵　　servant 召使い

問 1   British people don't eat sandwiches as snacks now.

(   )

問 2   Sandwiches are from a small town in the south of England.

(   )

問 3   The Earl's friends liked sandwiches, but they thought the original name was too long.

(   )

問 4   Many people eat sandwiches with only cheese now.

(   )

問 5   People all over the world eat over one billion sandwiches every day.

(   )

学習のポイント

● 論説文では，筆者の主張とその根拠がそれぞれどの段落かを考えて読もう
● 文意をとらえたうえで，自分の経験と照らし合わせる

次の英文を読んで設問に答えなさい。

Why do we smile？ Many people automatically think that there is a simple answer to that question ― we smile because we are happy. That answer is correct, but it doesn't tell the whole story. Social scientists who study smiles say (1)there's a lot more to smiling than just showing happiness. Smiling can actually have a great effect on a person's quality of life.

Marianne LaFrance is a social scientist who is interested in smiles. She has studied smiles for over 20 years. LaFrance says that we use smiles to make and maintain relationships. We need to do this because we are social animals. (2-a) social animals, we need strong relationships in order to survive and thrive. According (2-b) LaFrance, smiling is one of the most important tools to maintain social relationships. For example, smiling makes it easier to make new friends. One reason (2-c) this is that we are attracted to people who smile. Smiling can put people at ease. Smiling also helps people make the best (2-d) unexpected conditions and adjust to difficult social situations. A smile can help reduce conflict and ease embarrassment. In many languages, there are sayings that express the social importance of smiling. For example, in English, people say, " Smile and the whole world smiles with you. Cry and you cry alone."

Smiling does more than just help us make and maintain relationships, however. It seems that the amount we smile and the quality of our smiles may have some connection to our quality of life. Two studies show the relationship between smiling and the quality and length of people's lives. One study is the (3)"Yearbook Study." In 2010, LeeAnne Harker and Dacher Keltner, two social scientists from the University of California, Berkeley, compared the lives of women they found in a thirty-year-old yearbook. They rated the women's smiles by measuring the amount of muscle movement around the mouth and eyes. Then they asked the women to answer some questions about their lives.

The results of their study showed that the women with the highest rated smiles in the pictures reported happier lives and happier and longer marriages.

Another study is the "Baseball Card Study" from 2010. Ernest Abel and Michael Kruger from Wayne State University in Detroit, Michigan, found that the quality of the smile in pictures of baseball players could actually tell how long they would live. Abel and Kruger also rated the players' smiles. The rating system had three levels: no smile, partial smile, or full smile. They found that the players with (4-a) smiles lived about seven years longer than the players pictured with partial smiles or with (4-b) smiles.

Research shows that smiling has many positive effects on our health. This might explain why the people in the studies with bigger smiles had longer lives. Studies show that smiling reduces stress and stress-related hormones. It also lowers blood pressure. Smiling can affect the brain in the same way as exercise. For example, it increases the amount of feel-good hormones such as serotonin and endorphins. Endorphins not only make us feel better, but reduce pain as well. Furthermore, recent brain research shows that just the act of smiling can actually make us happier. In other words, we smile because something happens that makes us happy. But then, (5) our smiles send a message back to the brain that makes us feel even happier.

Smiling is clearly good for us. We can even get the benefits of smiling just by making ourselves smile. (6) One way to do this is to look at a picture of other people smiling. This is because smiling is contagious. It is very difficult to look at others smiling and not smile back. Even thinking about people smiling can make you smile. It is easy to see that smiling is much more than just an expression of happiness. (7) It's a powerful tool for maintaining both emotional and physical health.

（注）　effect 影響　　maintain 〜を維持する　　thrive よく成長する
　　　　unexpected 思いがけない　　adjust to 〜に適応する　　reduce 〜を減らす
　　　　conflict 衝突　　embarrassment 困惑　　compare 〜を比較する　　rate 〜を評価する
　　　　measure 〜を測定する　　affect 〜に影響を与える

問1　下線部(1)の表す意味として最も適切なものを選び，記号で答えなさい。

ア　幸せであることを言葉で相手に伝えるよりもほほえんだ方が得策である。

イ　ほほえむことほど自分が幸せであることを相手に示す良い方法はない。

ウ　ほほえみは自分がうれしい状態であることを相手に伝えるだけではない。

エ　単に自分の幸せを相手に伝えるためにほほえむ人がかなり増えている。

(　　)

問2　空所(2-a)～(2-d)に入る語を以下より選び，記号で答えなさい。ただし，大文字で始めるべき語も小文字で示してある。

ア　with　　イ　for　　ウ　of　　エ　in　　オ　to　　カ　as

2-a (　　)　　2-b (　　)　　2-c (　　)　　2-d (　　)

問3　下線部(3)の "Yearbook Study"「卒業アルバムの研究」の結果を日本語で説明しなさい。

(　　　　　　　　　　　　　　　　　　　　　　　　　　　　　　)

問4　本文の流れから考えて，空所(4-a)と(4-b)に入るべき語を本文中から抜き出しなさい。

4-a (　　)　　4-b (　　)

問5　下線部(5)を日本語にしなさい。

(　　　　　　　　　　　　　　　　　　　　　　　　　　　　　　)

問6　下線部(6)の理由を具体的に25字前後の日本語で説明しなさい。

問7　下線部(7)について，あなたの考えを自分自身の経験に触れながら40語程度の英語で書きなさい。

_____

_____

_____

_____

学習のポイント

● その段落で起こっていることについて読み取って答えよう
● 文脈だけでなく，文法事項も意識して解答する

次の英文を読んで設問に答えなさい。

Today the potato is the fourth most important crop in the world, after wheat, rice, and corn. But in the past the crop was seen with doubt by some, as well as with passion by others.

Potatoes have a very rich and interesting history. For thousands of years, they were grown and eaten every day by people living in South America. (1)This daily food was not only preserved by drying and stored in case of poor harvest, but was also used to heal burns more quickly.

The explorers from Spain first came across the potato when they arrived in the Inca Empire in South America in the 16th century. At the time they [Ⅰ]　was, but they gradually began to use it as a food to store and eat on their ships and later brought it to their country.

The 1600s saw potatoes spread throughout Europe, but many people regarded them with doubt and anxiety. Some could not believe that it was possible to eat the part of the plant that grew under the ground, so they ate the leaves instead. This made them sick because there is poison in the leaves. In the 1700s, the upper-class people in France and Prussia recognized it was easy to grow potatoes, and that they could better feed their population with them. But (2)彼らはジャガイモに関して多くの人々が抱いた疑念を取り除くという難題に取り組まなければならなかった. In order to encourage the French people to see the potato as a fashionable plant, King Louis XVI put its flowers in the hole of a button of his dress, and his wife, Marie Antoinette, put ones in her hair. The king of Prussia tried to improve his people's image by planting potatoes in the royal field and placing many soldiers around it. Not surprisingly, the field made people curious. They thought that ＿＿A＿＿, and so they began to steal the potato plants for their home gardens and the plants quickly became popular.

Although the upper-class people in France and Prussia needed to make a great effort to change people's image of the potato, (3) the Irish people immediately accepted the vegetable with great passion. Since the potato grew well in the cold and rainy climate of the land, a farmer could grow enough potatoes to feed his family. In fact, even without any major developments of agriculture technology, the Irish population increased to be twice as large between 1780 and 1841 thanks to potatoes.

At last, people realized that potatoes are one of the best crops around the world - they are relatively cheap, easy to grow and packed with a variety of nutrients. In October of 1995, the potato became the first vegetable to be grown in space. NASA and a university in America created the technology with the goal of feeding astronauts staying in space, and someday feeding people living on Mars. (4) Potatoes went from being one of the most misunderstood farm products to one of the most important foods on our planet, and in the future they might be in space, too.

(注) wheat 小麦　　the Inca Empire インカ帝国　　upper-class 上流階級の
　　　Prussia プロイセン王国　　royal 王室の　　nutrient 栄養素

問1　下線部(1)を日本語に直しなさい。
（　　　　　　　　　　　　　　　　　　　　　　　　　　　　　　　　　　　　）

問2　[I]を補うように，次の語句を並べかえなさい。
　the potato, to, valuable, realize, failed, how

_____

問3　下線部(2)を英語に直しなさい。

_____

問4　　　A　　を補うのに最も適切なものを①〜④から１つ選び，番号で答えなさい。
①　nothing worth stealing so frequently was definitely worth protecting
②　anything worth protecting so carefully was absolutely worth stealing
③　anything many soldiers stole immediately was totally worth protecting
④　nothing many soldiers watched intensely was really worth stealing

（　　　　）

問5　下線部(3)の理由として最も適切なものを①〜④から１つ選び，番号で答えなさい。

① 　その野菜は隣国において大量に余っていたから

② 　その野菜は寒く雨の多い土地でもよく育ったから

③ 　その野菜を栽培する農業技術が大いに発展したから

④ 　その野菜のおかげで人口が急激に増加したから

（　　　　）

問6　次の文が下線部(4)とほぼ同じ意味になるよう，（ ア ），（ イ ）にそれぞれ最も適切な１語を補いなさい。

Although they （　ア　） to be one of the most misunderstood farm products, someday potatoes might be one of the most important foods in （　イ　） as they are on our planet.

ア（　　　　　　　　　　　　） イ（　　　　　　　　　　　　　）

問7　次の質問に英語で答えなさい。ただし，主語と動詞のある文の形で答えること。

1　Which part of the potato containing poison did some people eat in the 1600s ?

2　What did King Louis XVI and Marie Antoinette wear in order to change the French people's image of the potato ?

1 _____

2 _____

④ 長文読解／物語文

学習のポイント

● 物語文は，登場人物の行動を整理しながら読もう
● 代名詞が何を指しているのか確認しながら解答する

次の英文を読んで設問に答えなさい。

Toki is in her second year of high school. Her father is a nurse, her mother is an office worker, and her sister, Sari, just started to study in college. Toki is now in bed, and is looking at her smartphone.

"Is that really something you want to do, Toki? Are you sure it's not something Mom and Dad want you to do? Sometimes, you just do it because someone wants you to do it. I don't think it's good." I read the message once again, and turned the smartphone off.

I got (1) this message from Sari three days ago. We were texting about her new life in Osaka, my school life, and my future job. I wrote that I was thinking about becoming a nurse like Dad, and then she wrote her message back to me. "But," I wrote, and stopped. I didn't know what to say. I became a little upset when I got her message, but she may be right. "What do I really want to do?" I looked into the dark room and asked myself again.

The next day, there was no club activity after school, so I decided to talk with my best friend, Kana. I sat down next to her and told her about the message. "I want to be a nurse because I like helping people. But am I just trying to do something my parents want me to do? (2) Now I'm not so sure. I have started thinking about many things, and now I can't see myself very clearly. What do I want to do? What am I good at?" I looked around the room. "And you know, many people around me already know things they want to do, and some of them have even started moving forward...." Kana was nodding and listening to me. "I know how you feel, Toki. I sometimes feel like that, too. I mean, I sometimes feel I have to try hard to keep up." We looked around the room and saw some students talking with our teacher, Ms.Sasada. Ms.Sasada noticed us and stopped talking with the other students. She came toward us and said, "Hi. Do you remember the volunteer project in a nursing home that I introduced to the class the other day ? Are you two interested in joining this Saturday ?" Kana said, "Ms.Sasada, I already signed up for it as a member of the newspaper club. Well, Toki, what do you think ? Are you coming ? It's always interesting to meet new people. I often get some new ideas by talking with them." "Hmm..., OK." I said. Ms.Sasada smiled and said, "Well, sometimes it's good to experience something new. And volunteer work is not just helping people. You can learn something very important, too."

On Saturday, I met Kana at the station and we chatted while we walked to the nursing home. "Kana, I've wanted to ask you how you became so interested in becoming a journalist." (3) I knew she had a dream to be a journalist. She visits many places to interview people and writes for the school newspaper. She is already moving forward. She said, "Well, in junior high school, I did research about social problems in Japan. It was just one of the projects in social studies class, but I was shocked. There are so many problems in Japan we should know about, but I didn't know anything about them. I thought I want to and I have to tell people about these problems." She then added, "In my case, that homework opened my eyes. You don't know yet what key will open the door to your future, but don't worry. You'll find it."

At the nursing home, Mr.Fuchino, a worker there, introduced us to everyone. We started to chat with elderly people and enjoyed gardening together. People laughed and talked, but soon I noticed (4) one elderly woman sitting alone. I walked over to her and sat down beside her. After a while she said, "My whole family loves flowers." I nodded and said, "People who love flowers have beauty in their hearts." She then started talking quietly about her early days. As I listened to her, we enjoyed gardening together. At tea time, Mr.Fuchino talked to me. "Hello. Is this your first time here ? I was surprised because Ms.Kiyono was talking with you. She usually only talks with people she knows very well. I think you are very good at communicating with people." "Oh, thank you." I was surprised and happy to hear that. Mr.Fuchino and I then walked over to Ms.Kiyono and had tea together. While we were talking about my school, friends, and family, I told them the same thing I told Kana. Then Ms.Kiyono said, "It will be great if you become a nurse." She held my hand and continued, "Well, parents expect many things from their kids. But they wish for only one thing. They want their kids to be happy." Mr.Fuchino smiled and said, "She's right. And if your parents want you to be a nurse, I think they have a good reason. They know what kind of person you are. Your friends and family know the things you are good at. So, you will understand more about yourself if you listen to them."

When we were going back home, I said to Kana, "Ms.Sasada was right." I looked at my hand and I could still feel Ms.Kiyono's warm touch. "I learned many important things today. And I guess I really like to communicate with people." Kana smiled and said, "And you are good at it. You can do some research about other jobs, too. But Nurse Toki sounds great to me !"

When I got home, I heard a voice I knew very well. "Hey, Toki !" Sari was waving at me from the kitchen. I was surprised and said, "You said you would come home next month !" "Well, I changed my plans," she said with a smile. But then with a serious face she added, "Are you upset with me ? I was worried." I said, "No, no. Sorry I didn't write back. I just didn't know what to say, but...well, I got some hints today." Mom brought some tea and said, "Hints ? About what ?" I sat next to Dad and asked, "Dad, should I become a nurse ?" Dad looked up from his newspaper. He looked surprised. I looked at both Mom and Dad and said, "You want me to be a nurse, right ?" Then Dad said, "Of course I'm happy that you respect my work. It's a great job. But it doesn't mean I expect you to do the same thing." Mom smiled and said, "Now I see why you have not been sleeping well for several days. Relax, Toki. You need time to find out more about yourself. In life, you can always stop and think. Sometimes you change your course, and sometimes you don't. If you know what makes you happy, then you'll be fine. You will be able to see what to choose in your life. As you know, I changed my job, and now I enjoy working." Then Dad stood up and said, "OK, let's have dinner and talk more about it. Sari, Toki, today's dinner is your favorite !" "Chicken rice !" we shouted, and smiled at each other.

While Dad and Sari went to the kitchen to help Mom, I felt sleepy, but relieved and relaxed. Some people are already moving forward, but I won't hurry. I've learned how to find the "key", and I now know the things I like to do. I took out my smartphone, and texted Kana. "I think I'm slowly moving forward. I'll talk to you more on Monday !"

(注) text （携帯電話等で)メッセージを送る　　upset　気を悪くした　　clearly　はっきりと
　　　nod　うなずく　　keep up　遅れずについていく　　notice　気づく
　　　toward　〜に向かって　　nursing home　老人ホーム　　sign up　申し込む
　　　chat　おしゃべりする　　research　研究　　social problem　社会問題
　　　garden　ガーデニングをする　　expect　期待する　　wave　手を振る
　　　serious　真面目な　　hint　ヒント　　relax　リラックスする　　relieved　ほっとした

問1　下線部(1) this message について最も適切なものを選び，記号で答えなさい。

ア　Toki was going to answer the message but she didn't.

イ　Toki was asked some advice by Sari in that message.

ウ　Toki sent the message to Sari a few days ago.

エ　Toki read the message only once after she got it.

（　　　）

問2　下線部(2) Now I'm not so sure. について，本文の内容と合うように次のように書き表すとき，①と②に入る語・語句の組み合わせとして最も適切なものを選び，記号で答えなさい。

　　Toki started to think that it was not ＿①＿ idea but ＿②＿ idea to become a nurse, so she went to talk with her best friend.

ア　① her　　　　② Sari's　　　イ　① her　　　　② her parents'

ウ　① her parents'　② her　　　エ　① her parents'　② Sari's

（　　　）

問3　下線部(3) I knew she had a dream to be a journalist. について，本文の内容と合うように次のように文を完成させるとき，＿＿＿＿の中に入る最も適切なものを選び，記号で答えなさい。

　　Kana decided to become a journalist because ＿＿＿＿.

ア　she realized that all the people in Japan were interested in social problems

イ　when she was a junior high school student, she did research about journalists

ウ　in junior high school, she went to interview people and wrote for the school newspaper

エ　she thought there are lots of problems in Japan, and she wants to tell people about them

（　　　）

問4　下線部(4) one elderly woman について，本文の内容と一致しないものを選び，記号で答えなさい。

ア　She was not joining other people when Toki saw her for the first time.

イ　While she was talking about her early days, she was holding Toki's hand.

ウ　Mr.Fuchino was surprised because she was talking with a person she didn't know well.

エ　She said to Toki that parents only hope for their children to have a happy life.

（　　　）

問5 本文の内容と合うように，次の質問の答えとして最も適切なものを選び，記号で答えなさい。

　Why was Toki surprised to see Sari when she came home ?

ア Because she was worried that Sari would be upset with her about the message.

イ Because she realized that Sari didn't get the message from Toki a few days ago.

ウ Because she was still upset with Sari about the message, and didn't want to see her.

エ Because she knew that Sari was planning to come home later than she actually did.

（　　　　）

問6 本文の内容と合うものを2つ選び，記号で答えなさい。

ア Kana was already moving forward toward her dream, so she couldn't understand anything about how Toki was feeling.

イ When Toki and Kana were talking in the classroom, Ms.Sasada was introducing a volunteer project to the whole class.

ウ Ms.Sasada told Toki that Toki can help people through volunteer work if she learns something important.

エ Mr.Fuchino said to Toki that listening to friends and family is helpful to find out more about herself.

オ Kana thought it is a good idea for Toki to be a nurse because Toki is good at communicating with others.

カ Toki's father said he is happy when she respects his work, and he wanted her to choose the same job.

（　　　　）（　　　　）

70

⑤ 長文読解／物語文

学習のポイント

● どの場面で何が起きているのかを考えながら解こう
● 文法，文脈を意識し，意味が通るように解答する

次の英文を読んで設問に答えなさい。

Paul Miller describes his first 24 hours away from the Internet.

I just spent 24 hours without the Internet for the first time I can remember in my adult life. I think there are two kinds of people who live with technology constantly in their face: people who feel bad when they're made to turn off their devices or connectivity, as if their arm has been cut off, and people who feel really good as if they've been let out of prison. I've spoken to many of both kinds （ 1 ） I've prepared for leaving the Internet, and thankfully I fall in the latter group.

I've lost my smartphone for weeks at a time before, and let it run out of charge many times, and I always feel at peace knowing （ 2 ） can call me and demand anything of me. I know it's really frustrating for people who do want to reach me, and I'm always in danger of missing out on a party, but overall, I feel like it's a positive. ---[i]---

The moment I reached down and disconnected the Internet from my computer, I felt like school was out for the summer. I stood up, and I realized that I'd been looking forward to ア this moment for ages, but for some reason, I hadn't made any plans. I stood up again, stretched, and then played local-multiplayer video games in the office for a couple of hours.

自宅にあるパソコンを取りに，私はタクシーに乗車した。 One of our video producers was following me with a camera, recording this very important evening, when my taxi driver asked me what we were recording.

I said, " ___X___ "

"Why ?" he asked.

It was a good question, but our conversation ended there. ---[ii]---

At home, I listened to music with my roommate and the peaceful time continued. ---[iii]--- I found myself really engaging in the moment, asking questions and listening closely, even more than if I'd just closed my computer or locked my phone, because I knew (3) those things could demand anything of me. ---[iv]---

My first major challenge came the next morning, when I pulled out my tablet. I had forgotten to turn my tablet's Wi-Fi (4) for about five minutes after midnight. I knew there were post-disconnect tweets cached on there. ィ They would be about me. I was very curious, but I deleted the application. In fact, I've been keeping my Internet-reliant applications in a folder on my tablet, so I deleted all of those. ---[v]---

After having breakfast, I went into the office, and watched the news, but I didn't stay long. I'll check ゥ the secondhand information some other day. I heard something about a brand-new electronic appliance and something about a brand-new car that ェ I plan on searching for in the next issue of my daily paper. I spent much of the day { a friend / catching / from / of / out / town / up / with }. He's a man who doesn't use his phone. He doesn't text, and his phone is often off. While I was with him, he really didn't touch his phone at all. He made me feel at ease.

The whole day was really refreshing. All my Internet-based lifestyle the day before had been about how what I was doing was "brave" or "insane" or "inspirational" or "a waste of everyone's time," as if I was planning to go base-jumping off the Empire State Building. But ォ I haven't settled into a rhythm yet.

In fact, I haven't even made a new schedule for myself. I've done a little writing, a little reading, and a lot of relaxing. I don't really know what the next days and weeks are going to be like. All I know is that so far, I'm loving it.

（注）Empire State Building   a 102-story building built in 1931 in New York City
         base-jumping   a dangerous sport in which people jump off buildings with a parachute

問1　文中の(1)~(4)に入る最も適切なものをそれぞれ選び，番号で答えなさい。

(1) ① as   ② if   ③ so   ④ though   ⑤ yet
(2) ① anybody   ② everyone   ③ nobody   ④ people   ⑤ someone
(3) ① both of   ② either   ③ either of   ④ neither   ⑤ neither of
(4) ① in   ② off   ③ on   ④ out   ⑤ to

(1) (   )   (2) (   )   (3) (   )   (4) (   )

問2　それぞれの問いに対し，本文の内容に合う最も適切な答えを選び，番号で答えなさい。

[1]　How did the writer feel after spending the day without the Internet connection ?

①　The writer could not stay disconnected from the Internet for the whole day.

②　The writer felt comfortable with the Internet disconnected.

③　The writer felt unhappy.

④　The writer had no strong feelings.

⑤　The writer was eager to contact people.

（　　　）

[2]　What do you find out about the writer ?

①　The writer is a journalist and writing about his feelings.

②　The writer is a university student enjoying his summer vacation.

③　The writer is an office worker who needs help with his Internet addiction.

④　The writer is participating in an online community, and sharing his feelings with friends.

⑤　The writer is taking part in an experiment for 24 hours at his office.

（　　　）

[3]　What is the main message of this passage ?

①　Keeping away from the Internet is good for you.

②　Making a schedule is important for your life.

③　Recording a diary may be useful for a future decision.

④　Switching off all electric devices is a lot of fun.

⑤　Using the Internet keeps you happy forever.

（　　　）

問3　次の問いに答えなさい。

[1]　文中の下線部アが指す内容として最も適切なものを選び，番号で答えなさい。

①　connecting to the Internet

②　enjoying the summer

③　missing out on a party

④　playing video games

⑤　stopping the use of the Internet

（　　　）

[2] 文中の下線部イが指す内容として最も適切なものを選び，番号で答えなさい。

① the applications on the writer's tablet

② the Internet-reliant applications

③ the pictures posted on SNS

④ the recent messages shown on the device

⑤ the writer's friends

(　　　)

[3] 文中の下線部ウを言い換えた場合，最も適切なものを選び，番号で答えなさい。

① brand-new information broadcast directly from a media source

② information received from others, rather than personally watched or heard

③ interesting information from other media sources

④ popular information shared by reporters

⑤ wrong information arranged by a media source

(　　　)

[4] 文中の下線部エはどのような意味か。最も近いものを選び，番号で答えなさい。

① the writer is considering an article for the following issue

② the writer is using a search engine for the next article

③ the writer is writing an article about brand-new appliances and cars

④ the writer plans to report some issues about using the Internet in his article

⑤ the writer plans to publish an article for the Internet issues

(　　　)

[5] 文中の下線部オを言い換えた場合，最も適切なものを選び，番号で答えなさい。

① I have not become familiar with a new style yet.

② I have not fixed my schedule yet.

③ I have not made myself perfectly cheerful yet.

④ I have not prepared for my Internet-based lifestyle yet.

⑤ I have not trained for base-jumping yet.

(　　　)

[6] 文中の{ }内の語句を並べかえて意味の通る文にしたい。最も適切なものを選び，番号で答えなさい。

I spent much of the day { 1 a friend　　2 catching　　3 from　　4 of　　5 out 6 town　　7 up　　8 with } .

① 2 − 7 − 8 − 1 − 3 − 5 − 4 − 6

② 3 − 5 − 4 − 6 − 2 − 7 − 8 − 1

③ 5 − 4 − 6 − 8 − 1 − 3 − 2 − 7

④ 7 − 8 − 1 − 3 − 2 − 4 − 6 − 5

⑤ 8 − 1 − 3 − 5 − 7 − 2 − 4 − 6

（　　　）

[7] 以下の英文を文中の ---[i]--- から ---[v]--- までのどこか1か所に入れる場合，最も適切な場所を選び，番号で答えなさい。

I'll miss you most of all.

① ---[i]---　　② ---[ii]---　　③ ---[iii]---

④ ---[iv]---　　⑤ ---[v]---

（　　　）

[8] 下線部の発音が全て異なる組を1つ選びなさい。

① beat　　　　ease　　　　really

② locked　　　pulled　　　watched

③ frustrate　　jump　　　　study

④ anything　　demand　　　major

⑤ close　　　　office　　　　spoken

（　　　）

[9] 文中の￣￣￣￣の日本語を英語に直しなさい。

_____

[10] もしあなたが筆者の立場だったら，文中 X では何と言いますか。適切な英文を1つ書きなさい。ただし，5語から8語で表現し，文末はピリオドで終えること。ピリオドは語数に含めない。

_____

① 長文読解／論説文

 解答

問1 ×　　問2 ○　　問3 ○　　問4 ×　　問5 ○

 全訳

　イギリス人はしばしば昼食にサンドイッチを食べる。子供たちは弁当に詰めて学校へ持っていく。多くの会社員はスーパーやコンビニでサンドイッチを買う。チーズ，鶏肉，卵，ハムとツナはサンドイッチの具材として入れる人気の食材だ。

　ずっと前，イギリス人は夕食にパンを食べていた。しかしながら，1760年代に新しい軽食−「サンドイッチ」があった。これはとても裕福な権力者によって発明された。彼の名前はサンドイッチ伯爵だった。もちろん，サンドイッチ伯爵はサンドイッチに住んでいたのだ！　サンドイッチはイギリス南部の小さな町である。

　サンドイッチ伯爵は友達とトランプ遊びをするのが好きだった。ときどき，彼はとても夜遅くにトランプ遊びをした。彼は空腹になったがゲームを中断したくなかった。だから彼は召使いに簡単な食事を頼んだ。「いくらか肉とパンを持ってきてくれ。」しかしながら，召使いは肉を2切れのパンの間に挟んだのだ！　伯爵の友だちは同じ食事を食べたがった。それは「パン，肉そしてチーズ」と呼ばれた。彼らはその味を気に入ったが，名前は長すぎた！　そこで彼らは「サンドイッチを持ってきてくれ。」と頼んだ。

　初めは，裕福な人だけがトランプで遊ぶときにサンドイッチを食べた。後に，サンドイッチは多くの人にとって人気の夜食になった。そして，1800年代には，工場で働く人々が簡単で安い昼食としてサンドイッチを食べ始めた。今や，世界中の多くの人々がサンドイッチ伯爵の軽食を食べる。毎日1000万以上のサンドイッチが食べられているのだ！

 解説

問1　「イギリス人は今やサンドイッチを軽食として食べない。」（×）第1段落より今でも軽食であることがわかる。

問2　「サンドイッチとはイギリス南部にある小さな町に由来する。」（○）第2段落の最終文から適するとわかる。

問3　「伯爵の友達はサンドイッチが好きだったが，最初の名前は長すぎると思っ

た。」（○）第3段落8文目から適すると判断する。

問4　「多くの人々は今やチーズだけでサンドイッチを食べる。」（×）第1段落の4文目から不適。

問5　「世界中の人々が毎日1000万以上のサンドイッチを食べる。」（○）第4段落の最終文に同文があるので適する。

否定表現

1 否定表現

● no は「（少しも）ない」の意味を表す形容詞。数えられる名詞にも数えられない名詞にも用いる。

I have no friends in foreign countries.

=I don't have any friends in foreign countries.

「私は外国には1人も友達がいない」

● few は数えられる名詞に，little は数えられない名詞に用いる。

I know few French words.

「私はフランス語の単語をほとんど知らない」

● few, little は a をつけると「少し（は）ある」という肯定的な意味になり，a をつけずに用いると「ほとんどない」という否定的な意味になる。

I have a little money now.

「私は今，少しお金を持っている」

I have little money now.

「私は今，ほとんどお金を持っていない」

CHAPTER 03 ② 長文読解／論説文

解答

問1　ウ　　問2　2-a　カ　　2-b　オ　　2-c　イ　　2-d　ウ

問3　（例）卒業アルバムの写真でほほえみ度が最も高く評価された女性は，その後幸せに暮らし，結婚生活もより幸せで長く続いていた。

問4　4-a　full　　4-b　no

問5　そのほほえみは私たちをさらに幸せに感じさせる信号を脳に送り返すのである。

問6　周りの人がほほえんでいると自分もほほえむものだから。（26字）

問7　（例）I think that smiling is a powerful tool. The other day, I did poorly on the math exam and I felt down. When I told my mother about that, she just smiled at me. Her smile made me feel much better.（41語）

全訳

　なぜ私たちはほほえむのか？　多くの人は，その質問に対する簡単な答えがあると自動的に考える―私たちは幸せなのでほほえむ。その答えは正しいが，それは全体像を伝えるものではない。ほほえみを研究する社会科学者は，(1) ほほえみには単に幸せを示す以上のことがあると言っている。ほほえみは実際に人の生活の質に大きな影響を与える可能性があるのだ。

　マリアン・ラフランスは，ほほえみに興味を持つ社会科学者だ。彼女は20年以上ほほえみについて研究してきた。ラフランスは，私たちは関係を築き，それを維持するためにほほえみを使うと言う。私たちは社会的な動物なので，これを行う必要がある。社会的な動物 (2-a) として，私たちは生き残り，繁栄するために強い関係が必要なのだ。ラフランス (2-b) によると，ほほえみは社会的関係を維持するための最も重要なツールの1つだ。たとえば，ほほえみは新しい友達を作るのを簡単にする。これ (2-c) に関する理由のひとつは，私たちがほほえむ人に惹かれるということだ。ほほえみは人々を安心させることができる。ほほえみはまた，人々が予期しない状況を (2-d) 最大限に活用し，困難な社会的状況に適応するのに役立つ。ほほえみは，衝突を減らし，困惑を和らげるのに役立つ。多くの言語で，ほほえみの社会的重要性を表すことわざがある。たとえば，英語では，人々は「ほほえみなさい，そうすれば全世界があなたにほほえみかけます。泣けば，あなたは一人で泣きます。」と言う。

　しかし，ほほえみは私たちが関係を築き，維持するのを助けるだけではない。私たちのほほえみの量と質は，私たちの生活の質に何らかの関係があるようだ。2つの研究は，ほほえみと人々の生活の質と長さの関係を示している。一つの研究は (3)「卒業アルバムの研究」だ。2010 年，カリフォルニア大学バークレー校の 2 人の社会科学者であるリー・アン・ハーカーとダッハー・ケルトナーは，30 年前の卒業アルバムで見つけた女性の生活を比較した。彼らは，口と目の周りの筋肉の動きの量を測定することによって，女性のほほえみを評価した。それから彼らは女性たちに彼女らの生活についてのいくつかの質問に答えるように頼んだ。彼らの研究の結果は，写真の中で最も評価の高いほほえみを持つ女性が，より幸せな生活とより幸せでより長い結婚を報告したことを示した。

　もう一つの研究は，2010 年の「野球カード研究」だ。ミシガン州デトロイトにあるウェイン州立大学のアーネスト・アベルとマイケル・クルーガーは，野球選手の写真のほほえみの質は，実際に彼らがどれだけ長く生きるかを知ることができることを発見した。アベルとクルーガーも選手たちのほほえみを評価した。評価システムには，ほほえみなし，部分的なほほえみ，完全なほほえみの 3 つのレベルがあった。彼らは，(4-a) 完全なほほえみの選手は，部分的なほほえみがある選手またはほほえみの (4-b) ない選手よりも約 7 年長生きすることを発見した。

　研究によると，ほほえみは私たちの健康に多くのプラスの効果をもたらす。これは，研究対象である，ほほえみの大きい人々が長生きした理由を説明しているのかもしれない。研究によると，ほほえみはストレスとストレス関連ホルモンを減らす。また，血圧を下げる。ほほえみは運動と同じように脳に影響を与える可能性がある。たとえば，セロトニンやエンドルフィンなどの心地よいホルモンの量を増やす。エンドルフィンは気分を良くするだけでなく，痛みも軽減する。さらに，最近の脳の研究は，ほほえむという行為だけでも実際に私たちを幸せにすることができることを示している。言い換えれば，私たちを幸せにする何かが起こったので，私たちはほほえむのだ。しかし，その後，(5) そのほほえみは私たちをさらに幸せに感じさせる信号を脳に送り返すのである。

　ほほえみは明らかに私たちにとって良いことである。自分でほほえむだけで，ほほえみのメリットも得られる。(6) これを行う 1 つの方法は，他の人がほほえんでいる写真を見ることだ。これは，ほほえみが伝染するためだ。他の人がほほえんでいるのを見て，ほほえみを返さないのは非常に難しい。人々がほほえんでいるということを考えるだけでも，あなたはほほえむ。ほほえみは単なる幸せの表現ではないことは容易に理解できる。(7) それは，精神的および肉体的な健康を維持するための強力なツールなのだ。

解説

問 1 　直前には「私たちは幸せなのでほほえむ」とある。下線部 (1) は，それだ
　　　けにとどまらず，ほほえみにはそれ以上の意味があるということを表して
　　　いるので，ウが答え。ウ以外はすべて文章の内容に合わないので，誤り。

問 2 　(2-a)　〈as ～〉は「～として」という意味を表す。

　　　(2-b)　〈according to ～〉は「～によれば」という意味を表す。

　　　(2-c)　対象物を表すときは〈for ～〉を用いる。

　　　(2-d)　〈make the best of ～〉は「～を最大限利用する」という意味を表す。

問 3 　結論部分は第 3 段落の最後の部分にある。「写真の中で最も評価の高いほ
　　　ほえみを持つ女性が，より幸せな生活とより幸せでより長い結婚を報告し
　　　たことを示した」という部分の内容をまとめる。

問 4 　(4-a)　しっかりとしたほほえみを見せる選手の方が長く生きたと考えら
　　　れるので，full が入る。

　　　(4-b)　ほほえみを見せない選手のことを表すので，no が入る。

問 5 　that makes us feel even happier という部分が message を修飾している
　　　ことに注意して訳す。〈make A B〉で「A を B にする」という意味になる。

問 6 　直後に「ほほえみが伝染するためだ」，「他の人がほほえんでいるのを見て，
　　　ほほえみを返さないのは非常に難しい」とあるので，これらの内容をまと
　　　める。

問 7 　ほほえむことが私たちの感情や肉体にもたらす良い効用について，わかり
　　　やすく書く。「自分自身の経験に触れながら」，「40 語程度の英語」という
　　　条件を必ず守るようにしながら，誤字や脱字がないように，正確に書くよ
　　　うにする。

感嘆文

1 感嘆文

●感情を強く表して「なんて～なのだろう」と言うときは what や how を用い，強めたい語句を前に出し，〈主語＋動詞〉をあとに置く。

What a beautiful mountain Mt. Fuji is !

「富士山はなんて美しい山なのだろう」

How well she sings !

「彼女はなんて上手に歌うのだろう」

● what は〈(a [an]) 形容詞＋名詞〉を，how は形容詞・副詞を強める。

What a nice movie this is !

「これはなんてすてきな映画なのだろう」

How nice this movie is !

「この映画はなんてすてきなのだろう」

解答・解説

③ 長文読解／論説文

問1　この日常的な食品は乾燥させて保存され，収穫の少ない時に備えて貯蔵されるだけでなく，やけどを早く治すためにも用いられた。

問2　failed to realize how valuable the potato

問3　（例）They had to work on the difficult problem of removing the doubt which a lot of people had about potatoes.

問4　②　　問5　②　　問6　（ア）used　（イ）space

問7　1　They ate the leaves.　　2　They wore the flowers of potato.

全訳

　現在，ジャガイモは小麦，米，トウモロコシに次ぐ，世界で4番目に重要な作物だ。しかし昔，その作物はある者には疑いを持って見られ，ある者には情熱を持って見られていた。

　ジャガイモには非常に豊かで興味深い歴史がある。数千年の間，それらは南米に住む人々によって栽培され，毎日食べられていた。(1) この日常的な食品は乾燥させて保存され，収穫の少ない時に備えて貯蔵されるだけでなく，やけどをより早く治すためにも用いられた。

　スペインから来た探検者たちは，16世紀に南米のインカ帝国に到着した時，初めてジャガイモと出会った。その時，彼らは［Ⅰ］ジャガイモがいかに価値のあるものか理解できなかったが，次第に貯蔵して船上で食べるための食品として利用し始め，その後それを自国に持ち帰った。

　1600年代，ジャガイモはヨーロッパ中に広がったが，多くの人々はそれを疑いと不安の目で見ていた。地面の下で育つ植物の一部が食べられるということを信じられなかった人もいて，代わりに葉を食べた。こうすることで彼らは具合が悪くなった，なぜなら葉には毒があるからだ。1700年代，フランスとプロイセン王国の上流階級の人々は，ジャガイモを栽培するのは簡単で，それらを用いて自国の人口をよりよく養うことができることに気がついた。しかし (2) 彼らはジャガイモに関して多くの人々が抱いた疑念を取り除くという難題に取り組まなくてはならなかった。フランスの人々にジャガイモをおしゃれな植物として見てもらえるよう，ルイ16世は自分の服のボタン穴にその花を挿し，彼の妻マリーアントワネットはそれらを髪に飾った。プロイセン王はジャガイモを王立の畑に植えてその周りに多くの兵士を配置することによって，自国民のイメージを良くしようとした。当然ながら，その畑は人々の好奇心をあおった。彼らは，A それほどしっかりと守

るに値するものは確実に盗む価値がある，と考え，ジャガイモを自宅の庭用に盗み始め，その植物はすぐに人気となった。

　フランスとプロイセン王国の上流階級の人々は人民のジャガイモのイメージを変えるのに大変な努力をする必要があったが，(3) アイルランドの人々はその野菜を大きな情熱を持ってすぐに受け入れた。ジャガイモはその土地の寒くて雨の多い気候でもよく育ったので，農民は自分の家族を養うのに十分なジャガイモを育てることができた。実際，農業技術は大きく発展しなかったけれども，アイルランドの人口は 1780 年から 1841 年の間に，ジャガイモのおかげで 2 倍に増えた。

　最終的に，人々はジャガイモが世界中で最も優れた作物の 1 つだと実感した－それらは比較的安く，育てやすく，様々な栄養素が詰まっている。1995 年 10 月，ジャガイモは宇宙で育てられた最初の野菜になった。NASA とアメリカの大学が，宇宙に滞在する宇宙飛行士たちを養い，いつか火星に住む人々を養うという目的で，その技術を開発した。(4) ジャガイモは最も誤解された農作物の 1 つから，地球上で最も重要な食物の 1 つになり，将来は宇宙においてもそうなるかもしれない。

 解説

問 1　受動態の過去分詞の部分に，not only A but also B「A だけでなく B も」の構文が用いられている。was preserved and stored「保存されて貯蔵される」 in case of ～「～の場合に，～に備えて」 heal「～を治す」 burn（名詞）「やけど」

問 2　〈fail to ＋動詞の原形〉「～するのに失敗する，～できない」 realize「～を理解する，実感する」の後ろには間接疑問で how valuable the potato was「ジャガイモがいかに重要か」と続ける。

問 3　最初に「彼らは難題に取り組まなくてはならなかった」とし，その後に the difficult problem の内容を表す同格の of ～ ing を置いて of removing the doubt「疑念を取り除くこと」とする。doubt「疑念」の後ろには関係代名詞 which を置いて「ジャガイモに関して多くの人々が抱いた」の部分を続ける。work on ～「～に取り組む」 remove ～「～を取り除く」

問 4　プロイセン王は人民がジャガイモに興味を持つよう，これ見よがしに兵士たちにジャガイモを守らせた。人々はジャガイモを価値のあるものだと思い，盗み，その結果世に広まったので，王の思惑通りとなった。

問 5　下線部 (3) の直後の文参照。

問 6　「それらはかつて最も誤解された農作物の 1 つだったけれども，いつかジャ

ガイモは地球上と同様に宇宙でも最も重要な食品の 1 つになるかもしれない」（ア） used to be ~「かつて~だった」（イ） in space「宇宙で」

問7　1　「毒を含んでいるジャガイモのどの部分を人々は 1600 年代に食べたか」「彼らは葉を食べた」第 4 段落第 2 文参照。質問の文の主語 some people を They にし，動詞 eat を過去形 ate にして They ate the leaves. と答える。

2　「ルイ 16 世とマリーアントワネットはフランス人のジャガイモのイメージを変えるために何を身に着けたか」「彼らはジャガイモの花を身に着けた」下線部 (2) の次の文参照。質問の文の主語 King Louis XVI and Marie Antoinette を They にし，動詞 wear を過去形 wore にして They wore the flowers of potato. と答える。

本文全体の内容が上手く整理できません……。

本文にはジャガイモのヨーロッパでの広まり方について，最初から好意的だった例とそうでなかった例の 2 つが書かれているよ。

会話表現

1 会話表現

Shall I take a message ?

「おことづけしましょうか」（電話での会話で用いられる表現）

Would you mind **opening** the door ?

「ドアを開けていただけますか」（依頼の表現）

What do you say **to some tea** ?

「お茶でもどうですか」（勧誘の表現）

Will you tell me how to get to **the station** ?

「駅へどう行けばよいか教えてくれませんか」（道を尋ねる表現）

●会話表現には助動詞，不定詞，動名詞を用いる表現も多いので，文法面での理解をした上で覚えることも重要である。

④ 長文読解／物語文

問1 ア　　問2 イ　　問3 エ　　問4 イ　　問5 エ　　問6 エ，オ

　トキは高校2年生です。彼女の父親は看護師で，母親は会社員，そして姉のサリは大学で勉強を始めたところでした。トキは今ベッドにいてスマートフォンを見ています。

　「それがあなたの本当にやりたいことなの，トキ？　それはお母さんとお父さんがあなたにしてもらいたいことじゃないのはわかる？　あなたは時々，誰かがあなたにやってもらいたいからただやっているよね。それはいいとは思わない」私はそのメッセージをもう一度読んで，スマートフォンをオフにしました。

　私は (1)このメッセージを3日前にサリから受け取りました。私たちは彼女の大阪での新生活，私の学校生活と私の将来の仕事についてメッセージを送っていました。私は父のように看護師になることを考えていると書いたら，彼女は返事をくれました。「でも」と私は書いてやめました。何と言っていいかわかりませんでした。彼女のメッセージを受け取ったとき私は少し気を悪くしましたが，彼女が正しいかもしれません。「私は何を本当にしたいの？」暗い部屋を見て自分にもう一度問いかけました。

　次の日，放課後に部活がなかったので親友のカナと話すことに決めました。彼女の隣に座ってメッセージについて話しました。「私は人助けが好きだから看護師になりたい。でも私は両親が私にやってもらいたい何かをしようとしているのかな？　(2)今私にはよくわからない。たくさんのことを考え始めて，自分のことがあまりはっきりとわからない。私は何をしたい？　何が得意？」私は教室を見渡しました。「それにね，私の周りの多くはやりたいことがもうわかっていて，中には前に進み始めている人もいるの…」カナはうなずいて私のことを聞いていました。「あなたの気持ちわかるよ，トキ。私も時々そう感じるよ。つまり，遅れずについて行くために一生懸命頑張らなくちゃいけないって時々感じるの」私たちは教室を見渡し，私たちの先生であるササダ先生と話している生徒たちを見ました。ササダ先生は私たちに気づき，他の生徒たちと話すのをやめました。彼女は私たちの方へ向かって来て「こんにちは。前にクラスに紹介した老人ホームでのボランティアプロジェクトを覚えてる？　お二人はこの土曜日に参加することに興味があるかしら？」と言いました。カナは「ササダ先生，私はもう新聞部の一員としてそれに申し込んでいます。ええと，トキ，あな

たはどう思う？　来る？　新しい人たちに会うのはいつも面白いよ。彼らと話すことでよく新しいアイディアが生まれるの」と言いました。「うーん…。オーケー」と私は言いました。ササダ先生はほほえんで「そうね，時には何か新しいことを経験するのはいいわね。そしてボランティアは単に人を助けるだけじゃないから。何かとても大切なことも学べるわよ」と言いました。

　土曜日，駅でカナと会い，老人ホームへ歩いて行く間おしゃべりをしました。「カナ，あなたがどうやってジャーナリストになることに興味を持ったのかずっと聞きたかったの」(3)私は彼女がジャーナリストになる夢があることを知っていました。彼女は人々にインタビューするために多くの場所を訪れ，学校新聞に書いています。彼女はすでに前に進んでいます。彼女は「えっと，中学で日本の社会問題について研究したの。社会の授業の単なる1つのプロジェクトだったんだけど，私はショックを受けたの。日本には知っておくべき多くの問題があるのに，私はそのことについて何も知らなかった。私はそれらの問題について伝えたい，伝えなくてはならないって思ったの」と言いました。そして彼女は「私の場合，その宿題が私の目を開いたのね。あなたはどのカギが未来へのドアを開けるかまだ知らないけど，心配しないで。見つけるから」と付け加えました。

　老人ホームで，そこの職員のフチノさんが私たちをみんなに紹介してくれました。私たちはお年寄りとおしゃべりを始め，一緒にガーデニングを楽しみました。みんな笑って，話していましたが，すぐに (4)1人のお年寄りの女性が1人で座っていることに気がつきました。私は彼女の方へ歩いて行き，隣に座りました。しばらくして彼女は「私の家族はみんな花が好きなのよ」と言いました。私はうなずいて「花を愛する人たちは心に美しさがあります」と言いました。すると彼女は静かに彼女の昔のことを話し始めました。彼女の話を聞きながら私たちはガーデニングを楽しみました。お茶の時間にフチノさんが私に話しかけました。「こんにちは。ここに来るのは初めて？　キヨノさんがあなたと話していたから驚いたよ。彼女はいつもよく知っている人としか話さないんだ。あなたは人とコミュニケーションを取るのがとても得意だと思うよ」「ああ，ありがとうございます」。私はそれを聞いて驚き，嬉しく思いました。そしてフチノさんと私はキヨノさんのところへ歩いて行きお茶を一緒に飲みました。私の学校や友達，家族について話している間，私はカナに話したことと同じことを彼らに話しました。するとキヨノさんが「あなたが看護師になったら素晴らしいと思うわ」と言いました。彼女は私の手を握って「そうね，親というのは子どもに多くのことを期待するのよ。でもたった一つのことを願っているの。子どもに幸せでいてもらいたいのよ」と続けました。フチノさんはほほえんで「彼女の言う通りだよ。そしてもしご両親があなたに看護師になってもらいたいならば，彼らにはいい理由があるんだと思うよ。彼らはあなたがどんな人かを知っている。あなたの友達と家族はあなたが何が得意かを知っている。だからもし彼らの話を聞いたら自分のことをもっと理解できるよ」と言いました。

　家に帰っているときにカナに「ササダ先生は正しかった」と言いました。私は自分の手を見て，まだキヨノさんの温かいぬくもりを感じることができました。「今日は多くの大事なことを学んだわ。そして私は人とコミュニケーションを取るのが本当に好きだと思う」。カナはほほえんで「そしてあなたはそれが得意だよね。他の仕事についても研究できるね。でも看護師トキは私には素晴

らしく聞こえるよ！」と言いました。

　家に着いたとき，とてもよく知っている声を聞きました。「おーい，トキ！」サリがキッチンから私に手を振っていました。驚いて「来月帰るって言ってたじゃん！」と言いました。「えっと，予定を変えたの」と彼女は笑顔で言いました。しかし真面目な顔で彼女は「私で気を悪くした？心配していたの」と付け加えました。私は「いや，違うよ。ごめんね，返信しなくて。ただ何て言っていいかわからなくて…でも，うん，今日ヒントがあったの」と言いました。母がお茶を持ってきて「ヒント？　何の？」と言いました。私は父の隣に座って「お父さん，私は看護師になった方がいいと思う？」と聞きました。父は新聞から目を上げました。驚いていました。私は母と父の両方を見て「私に看護師になって欲しいんでしょ？」と言いました。すると父は「もちろん私の仕事を尊重してくれて嬉しいよ。素晴らしい仕事だ。でもそれはあなたに同じことを期待しているという意味ではないよ」と言いました。母はほほえんで「数日あなたがよく眠れていない理由が今わかったわ。リラックスしなさい，トキ。自分のことをもっとわかるのに時間が必要よ。人生ではいつでも止まって考えることができる。ときに自分の道を変えたり，ときに変えなかったり。もし何があなたを幸せにするのかを知っていたらあなたは大丈夫よ。人生で何を選ぶべきかわかるわ。ご存知の通り私は仕事を変えて，今働くのが楽しいわ」と言いました。すると父は立ち上がって「夕飯を食べてもっとそのことについて話そう。サリ，トキ，今日の夕飯はきみたちの好物だよ！」と言いました。「チキンライス！」と私たちは叫んでお互いに笑いました。

　父とサリが母を手伝いにキッチンへ行っている間，私は眠気を感じましたが，ホッとしてリラックスしました。もう前に進んでいる人たちもいますが，私は急ぎません。私は「カギ」の見つけ方を学び，今，私が好きなことがわかりました。私はスマホを手に取りカナにメッセージを送りました。「私はゆっくり前に進んでいると思う。月曜日にもっと話すね！」

 解説

問1　下線部（1）の段落とその前の段落から考える。

　　　ア　「トキはメッセージに答えるつもりだったがしなかった」（○）

　　　イ　「トキはそのメッセージでサリにアドバイスを聞かれた」（×）

　　　ウ　「トキは数日前にサリにメッセージを送った」（×）

　　　エ　「トキはメッセージをもらって一度だけそれを読んだ」（×）

問2　完成した英文は「トキは看護師になるのは①彼女の考えでなく②両親の考えだと思い始めたので親友に話しに行った」という意味。第4段落第3文以降のトキの発話を参照。

問3　完成した英文は「カナは，日本にはたくさんの問題があり，それについて

人々に伝えたいと思っているのでジャーナリストになることに決めた」という意味になる。第 5 段落第 6 文以降のカナの発話を参照。

問 4　一致しないものを選ぶことに注意する。第 6 段落を参照する。

　　　ア　「トキが初めて彼女を見たとき，彼女は他の人たちにまざっていなかった」（×）第 3 文参照。

　　　イ　「彼女の昔の日々を話しているとき彼女はトキの手を握っていた」（〇）第 7，8 文参照。

　　　ウ　「フチノさんは彼女がよく知らない人と話していたので驚いた」（×）第 11 文以降のフチノさんの発話参照。

　　　エ　「彼女はトキに親は子どもが幸せな人生を送ることだけを願っていると言った」（×）後半を参照する。

問 5　「トキが家に帰ったときにサリを見て驚いたのはなぜですか」　エ　「サリが実際に帰って来たときよりももっと後に帰って来る予定だったから」第 8 段落第 4，5 文参照。

問 6　ア　「カナはすでに自分の夢に向かって前に進んでいたので，トキがどう思っているかについては何も理解できなかった」（×）第 4 段落半ばのカナの発話参照。

　　　イ　「教室でトキとカナが話しているときササダ先生がクラス全体にボランティアプロジェクトを紹介した」（×）第 4 段落後半のササダ先生との会話部分を参照。

　　　ウ　「ササダ先生はトキにもし何か大事なことを学ぶならボランティアを通して人を助けることができると言った」（×）第 4 段落最後のササダ先生の発話参照。

　　　エ　「フチノさんはトキに友達や家族の言うことを聞くのは自分自身をもっと知るのに役立つと言った」（〇）第 6 段落最後のフチノさんの発話参照。

　　　オ　「カナは，トキは他の人とコミュニケーションを取るのが上手いのでトキが看護師になるのはいい考えだと思った」（〇）第 7 段落参照。

　　　カ　「トキの父親はトキが自分の仕事を尊敬してくれて嬉しいと言い，彼女に同じ仕事を選んで欲しいと思った」（×）第 8 段落半ばの父親の発話参照。

使役動詞 let

1 使役動詞 let を用いた第 5 文型の文

let ＋ O ＋ C（動詞の原形）「O に C させてやる」

Mr. Willson let his son <u>drive</u> the car.

「ウィルソンさんは，息子に車の運転をさせてやった」

● 「彼の息子」と「運転する」の間に〈能動〉の関係があるとき，C に
は動詞の原形を用いる。

● let は不規則変化動詞。let-let-let と変化する。

2 命令文で用いられる let

Let me know the truth.

「私に真実を知らせてください」

●命令文 Let me know ～の形で使われることが多い。

※使役動詞 let とほぼ同じ意味を表す表現

My father allowed [permitted] me to drive the car.

「父は私に車を運転するのを許した」

● allowed[permitted] ＋ O ＋ to ～は let ＋ O ＋ C（動詞の原形）とほ
ぼ同じ意味を表す。

⑤ 長文読解／物語文

解答

問1 (1) ④　(2) ③　(3) ⑤　(4) ②

問2 [1] ②　[2] ①　[3] ④

問3 [1] ⑤　[2] ④　[3] ②　[4] ①　[5] ①

　　[6] ①　[7] ⑤　[8] ④

　　[9] （例）　I took a taxi to get the computer in my house.

　　[10] （例）　We're recording a life without the Internet.

全訳

　ポール・ミラーはインターネットから離れて最初の 24 時間を説明している。

　私は大人になってから覚えている限り初めてインターネットなしで 24 時間を過ごした。私は，いつも科学技術と向き合って暮らしている人々には 2 種類の人々がいると思う，すなわち，装置や相互通信の手段を切断されると腕を切り落とされたかのように気分が悪くなる人々と，刑務所から解放されたかのようにとてもよい気分になる人々だ。私はインターネットから離れる覚悟をしていた (1) が，両方の種類の多くの人々と話してきて，ありがたいことに私は後者のグループに落ち着いた。

　私は以前，一度に何週間もの間スマートフォンをなくしたり，何度も充電が切れたままにしていたことがあったが，私は (2) だれも私に電話をかけたり私に何かを要求することができないことがわかっているので，常に穏やかに感じる。本当に私に連絡を取りたい人にとってはそれがとても失望させることはわかっているし，私はいつもパーティーに参加しそこなう危険にさらされるが，全体としてはそれは都合のよいことであるように感じている。

　パソコンから手を離し，電源を切った瞬間，私は学校が夏休みに入ったような気分になった。私は立ち上がり，何年もの間この瞬間を楽しみにしていたことに気づいたが，何らかの理由で私は何も計画は立てていなかった。私は再び立ち上がって，伸びをして，それから 2，3 時間の間，オフィス内だけのマルチプレーヤー・ビデオゲームをやった。

　自宅にあるパソコンを取りに，私はタクシーに乗車した。ビデオ制作者の 1 人がカメラを持って私に同行して，このとても大切な夜を記録していたが，タクシーの運転手が私に何を記録しているのか尋ねた。

私は，Ｘ「インターネットのない生活を記録しているんです」と言った。

　「なぜですか」と彼は尋ねた。

　それはよい質問だったが，私たちの会話はそこで終わった。

　家で，私は同居人と音楽を聞き，平穏な時間が続いた。私は質問したり相手の話を注意深く聞いたりして本当にそのひと時に没頭したが，ちょうど自分のパソコンを閉じたり電話を通話できないようにしていたならなおさらだっただろう，それらの（3）いずれも私に何も要求することができないことを知っていたから。

　私の最初の試練は翌朝，自分のタブレットを引っ張り出したときにやって来た。私は夜中過ぎの5分間，タブレットのWi-Fiを（4）切断するのを忘れていた。そこには電源を切った後に来たツイートが保存されていることがわかった。それらは私に関するものだろう。私は知りたかったが，そのアプリケーションを削除した。それどころか，私はインターネットを利用するアプリケーションをタブレットのあるフォルダに入れてあるので，それらすべてを削除した。Ｖ何よりもお前たちがなくなって寂しく思うことだろうが。

　朝食後，私はオフィスに入ってニュースを見たが，長くはいなかった。間接的に聞いた情報はいつか別の日に調べよう。私は，自分が担当する日刊紙の次の発行のときに調査するつもりでいる，最新の電子機器と最新の自動車に関することを耳にした。私はその日の多くの時間を，市外からの友人と情報交換をして過ごした。彼は電話を使わない男だ。彼はメールを打たないし，彼の電話は切られていることが多い。私が彼と一緒にいる間，彼は本当にまったく自分の電話に触れなかった。彼は私を気楽にさせてくれた。

　その日は丸1日，本当に気分転換になった。その前日までのインターネットに根ざした生活様式の全体が，私がしていたことが，まるで私がエンパイア・ステート・ビルからベース・ジャンピングをしに行こうと計画しているかのように，いかに「勇敢」だったか，あるいは「正気で」なかったか，あるいは「心を揺さぶる」か，あるいは「みんなの時間の無駄遣い」であったかということにかかわっていた。しかし私はまだリズムに乗れていない。

　それどころか，自分の新たな予定さえ立てていない。私は少し書き物をし，少し読書をし，大いにくつろいだ。この先の日，週がどのようになるのか私にはまったくわからない。今のところわかっているのは，それが大いに気に入っているということだけだ。

　（注）　エンパイア・ステート・ビル　ニューヨーク市にある1931年に建てられた102階建てのビル
　　　　　ベース・ジャンピング　人々がパラシュートをつけてビルから飛びおりる危険なスポーツ

 解説

問1　（1）　筆者はこの時点でインターネットを使わない覚悟を決めていたが，
　　　　　それでもインターネットに接続していないと気分がよくない人々と話をし
　　　　　た，とすると文意が成り立つ。したがって，逆接を表す though が適切。

（2）　空所の直前の knowing 以下は「～なので」という意味と考え，空所に nobody を入れると，「スマートフォンがなければだれも私に何も要求することができないから穏やかに感じる」という内容になり，他人と簡単に接続できるスマートフォンなどの機器がないと穏やかな気分になれるタイプの人物である筆者の感覚に合う内容の文になる。

（3）　空所の直後の those things は，空所の前にある「パソコン」，「電話」を指し，空所と those things のまとまりが could demand anything of me「私に何かを要求することができる」の主語になる。ここではパソコンも電話も切った状態を想定して述べているので，neither of those things とすると「パソコンと電話のいずれも～することができない」となり，文脈に合う文になる。

（4）　Wi-Fi を接続した状態だったために，パソコンの電源を切った状態でも，Wi-Fi につながっている間に来たツイートがアプリケーションに残っていたという状況。had forgotten to ～「～することを忘れていた」と to の直後の turn とのつながりから，turn ～ off「～を切断する」とするとこの状況に合う文になる。

問2　[1]　質問は，「筆者はインターネットの接続がない1日を過ごした後，どのように感じましたか」という意味。本文は，筆者がインターネットとの接続を切ってから24時間経った時点で書かれたもの。最後の1文に「それが大いに気に入っているということだけだ」とあることなどから，②「筆者はインターネットが切断されて快適に感じた」が適切。①は「筆者は1日中インターネットを切断した状態ではいられなかった」，③は「筆者は不満に感じた」，④は「筆者は強い感情は何も持たなかった」，⑤は「筆者は人々に連絡を取りたいと思った」という意味。

[2]　質問は，「筆者について何がわかりますか」という意味。インターネットを切断した翌日，オフィスに入ったときのことを述べている段落の第2，3文に着目する。第2文「間接的に聞いた情報はいつか別の日に調べよう」，第3文「自分が担当する日刊紙の次の発行のときに調べようと考えている」などから，筆者は報道関係の仕事をしている人物であることがわかる。また，本文冒頭で，筆者がインターネットを切断してからの24時間を説明

していることが述べられていることから，①「筆者はジャーナリストで，自分の感情について書いている」が適切。②は「筆者は夏休みを楽しんでいる大学生だ」，③は「筆者は自分のインターネット依存を助けてもらうことを必要としている会社員だ」，④は「筆者はあるオンラインでつながっている共同体に参加していて，友人たちと自分の気持ちを共有している」，⑤は「筆者はオフィスで 24 時間のある実験に参加している」という意味。

[3]　質問は，「本文の主なメッセージは何ですか」という意味。筆者は自らインターネットの接続を切り，そこから 24 時間経過した時点での自分の感情について主に述べている。筆者はインターネットを切断した状態において快適さを強く感じていることから，①「インターネットから距離を置くことはあなたにとって良いことだ」，②「予定を立てることはあなたの生活にとって重要だ」，③「日記をつけることは将来の決定にとって役に立つ」，⑤「インターネットを利用することはあなたを一生幸せにし続ける」は合わない。筆者はインターネットだけでなく，スマートフォンが使えない状況でも快適に過ごせることにも触れていることから，④「すべての電子機器の電源を切ることは大いに楽しい」が適切。

問3　[1]　下線部ア「この瞬間」は，筆者が長年待ち望んでいた瞬間である。下線部アを含む文の直前で，筆者は「パソコンから手を離し，電源を切った瞬間，私は学校が夏休みに入ったような気分になった」と，パソコンの電源を切った瞬間に感じた喜びを述べているので，筆者が楽しみにしていた瞬間とは⑤「インターネットの使用をやめること」が適切。①は「インターネットに接続すること」，②は「夏を楽しむこと」，③は「パーティーに参加しそこなうこと」，④は「ビデオゲームをすること」という意味。

[2]　下線部イが指すものは筆者自身にかかわるもので複数のものを指す。この条件に当てはまる複数形の名詞は，前の晩にパソコンの電源を切った後に届いていた tweets である。したがって，④「機器に示された最近のメッセージ」が適切。①は「筆者のタブレット上にあるアプリケーション」，②は「インターネットを利用するアプリケーション」，③は「SNS に投稿された画像」，⑤は「筆者の友人たち」という意味。

[3]　筆者が下線部ウの情報について，「いつか別の日に調べよう」と述

べていることから，このとき筆者がニュースで聞いた情報は直接自分自身で確認したものではないものと言える。したがって，②「個人的に見たり聞いたりしたのではなく，他者から受けた情報」が適切。secondhand は「間接的に聞いた，また聞きの」という意味。①は「情報伝達源から直接放送された最新の情報」，③は「他の情報伝達源から得た興味深い情報」，④は「レポーターたちによって共有されている情報」，⑤は「情報伝達源によって手が加えられた誤った情報」という意味。

[4]　plan on ～ ing は「～するつもりだ，～する予定だ」という意味。search for ～ は「～を調査する，捜す」という意味で，for の目的語は関係代名詞 that の前の something about a brand-new electronic appliance and something about a brand-new car「最新の電子機器と最新の自動車に関すること」。issue は「発行」，daily paper は「日刊紙」という意味。下線部エは，「筆者が次の日刊紙発行のときに自分で調べようとしている」という内容で，調べる対象が「最新の電子機器と最新の自動車に関すること」ということを述べている。この内容に合うのは①「筆者が次の発行のための記事について検討している」。②は「筆者が次の記事のためにサーチエンジンを利用している」，③は「筆者が最新の機器と自動車について記事を書いている」，④は「筆者が自分の記事の中でインターネットの利用に関するいくつかの問題点を報告するつもりである」，⑤は「筆者がインターネットの問題点の記事を発行するつもりである」という意味。

[5]　settle into ～ は「～に落ち着く」という意味で，settle into a rhythm で「リズムに乗る」ということを表している。ここでの「リズム」は，それにまだ乗れていないという文脈から，インターネットを使わない生活様式のことと考えられる。したがって，①「私はまだ新しいスタイルになじんでいない」が適切。②は「私はまだ予定を決めていない」，③は「私はまだすっかり陽気な気分になっていない」，④は「私はまだインターネットに根ざした生活様式の準備ができていない」，⑤は「私はまだベース・ジャンピングの訓練をしていない」という意味。

[6]　(I spent much of the day) catching up with a friend from out of town.〈spend ＋時間＋～ ing〉で「～をして（時間）を過ごす」という意味。

catch up with 〜は，ここでは「〜と情報交換する」という意味。out of town で「市の外」，つまり「市外」ということで，この前に from をつけて「市外からの，市外から来た」という意味になる。

[7]　you が指す内容を考える。[ⅰ]〜[ⅴ]の中で，直前に筆者から見ての「相手」となりえる対象があるのは[ⅴ]で，筆者が削除した my Internet-reliant applications「私のインターネットを利用するアプリケーション」に対して you と言っている。筆者はインターネットの接続を切って生活し始めているが，インターネットを利用するアプリケーションを削除した際に，それらがなくて寂しく思うことだろうと感じている。

[8]　①　beat「打つ」の下線部は [iː] の発音。ease「気楽さ」の下線部は [iː] の発音。really「本当に」の下線部は [iə] の発音。

②　locked「lock(鍵をかける)の過去形・過去分詞」の下線部は [t] の発音。pulled「pull(引く)の過去形・過去分詞」の下線部は [d] の発音。watched「watch(見る)の過去形・過去分詞」の下線部は [t] の発音。

③　frustrate「失望させる」，jump「跳ぶ」，study「勉強する」の下線部はすべて [ʌ] の発音。

④　anything「何か」の下線部は [e] の発音。demand「要求する」の下線部は [æ] の発音。major「主要な」の下線部は [ei] の発音で，すべて発音が異なる。

⑤　close「閉める，近い」の下線部は [ou] の発音。office「オフィス，事務所」の下線部は [ɑː] の発音。spoken「speak(話す)の過去分詞」の下線部は [ou] の発音。

[9]　「パソコンを取りに」は目的を表す副詞的用法の不定詞で表すことができる。「タクシーに乗る」は，ここでは「タクシー」という交通機関を利用するという内容なので，「乗り込む」という動作を表す get on ではなく take を使って表すのが適切。「自宅にあるパソコン」は前置詞を使って my computer in my house と簡潔に表せる。

[10]　空所の直前で，タクシーの運転手が何を記録しているのかを尋ねているので，We are recording 〜 .「私たちは〜を記録している」の形で答えるのが適切。筆者はこのとき，インターネットを切断した状態での生

活を始め，ビデオ制作者の 1 人がそれを記録するためにカメラを回している
という状況だが，5 ～ 8 語という少ない語数で答えるので，筆者の目的
に絞って，解答例のように recording の目的語として a life without the
Internet「インターネットのない生活」などと続けるとよい。

 文章が長くて，全体の話の流れがわかりません……。

書かれている内容について段落ごとに簡単にメモをして
おくと，内容をつかみやすいよ。

 現在完了進行形

1 現在完了進行形

●ある過去から今現在まで継続している動作を表すときは，現在完了進
行形〈have [has] been+ 動詞の -ing 形〉で表す。

●現在完了の継続用法が主に状態の継続を表すのに対し，現在完了進行
形は動作が続いていることを表す場合に用いる。

I have been reading this book for more than two hours.

「私は 2 時間以上この本を読み続けている」

…「2 時間以上前にこの本を読み始め，今もまだその本を読んでいる」
という内容を表す。

●主語が 3 人称・単数の場合は have のかわりに has を用いる。

●現在完了〈have[has]+ 過去分詞〉（have been）と進行形〈be 動詞 +
動詞の -ing 形〉（been reading）が組み合わさった形。

●現在完了の継続用法との違いに注意する。

I have lived in this city for three years.

「私は 3 年間この都市に住んでいる」

※ live「住んでいる」のように〈状態〉を表す動詞の場合は現在完了
　進行形にしない。

英作文

● 設問の意図や条件を正しく読み取ろう

● 知っている語句や表現を使って英文を組み立てる

(1) 「スマートフォン」について，それがどのようなものか，また，それを使用する上でどのような点に注意すべきか，40 語程度の英語で述べなさい。なお，解答の末尾には使用した語数を記すこと。

必要があれば，次の表現を参考にしなさい。

a smartphone / smartphones

_____

_____

_____（　　　語）

(2) 以下の主張について，賛成の立場から，その理由を 1 つ，またその具体例をそれぞれ 1 つずつ，空所にあてはまるように英語で書きなさい。ただし，各空所には 10 語以上 20 語以下の英語をそれぞれ書くこと。なお，英文の数は問わない。

Students should spend one day in a week without smartphones.

I agree with the statement that students should spend one day in a week without smartphones. I have two reasons.

First, they can spend the day on other activities. For example, (①).

Second, (②). For example, (③).

For these reasons, students should avoid using smartphones one day in a week.

① _____

_____

② _____

_____

③ _____

_____

(3) 次の指示に従って英語で文章を書きなさい。

以下の A ～ C の 3 つのテーマの中から 1 つ選び，賛成か反対の立場を明確にして，その理由を述べなさい。その際，以下の①と②の 2 つの条件を満たすこと。ただし，総語数 30 語以上 40 語以内で書きなさい。

① I agree または I disagree から書き始めること。

② 選んだテーマの記号に○をつけること。

テーマ：A. 人種差別(racial discrimination)をなくすことは可能だ。

B. エコバッグ(Eco bag)を使用することは義務とすべきだ。

C. 授業は全てオンライン(online)でよい。

〈注意〉短縮形は 1 単語と数える。ピリオドやコンマ，クエスチョンマークは 1 単語としては数えない。

_____

_____

_____

_____

(4) 以下の指示に従って英語で書きなさい。

学校で出される宿題について，「長期休暇には宿題を出さないでほしい」と反対する立場に立って，以下の指示に従い 40 語以上 50 語以内の英文を書きなさい。

① 解答の冒頭の英文は Teachers shouldn't give us homework during a long vacation. I have two reasons. とし，この部分は語数には含まないこととします。

② この英文に続けて，あなたが宿題に反対する理由を 2 つ，具体的に述べなさい。

③ 最後に，使用した語数を数え，( )に記入しなさい。

_____

_____

_____

_____(語)

_____

(5)　あなたは授業で学校の図書館にマンガを置くことに賛成か反対で討論を行うことになりました。いずれかの立場で考えを述べなさい。

〈条件〉・必ず「賛成」「反対」いずれかの立場を選択すること。

　　　　　・40 語以上(短縮形やハイフンの付いた単語も 1 語と数える)書くこと。

＊必要に応じて，以下の英語表現を参考にしなさい。

　私は～だと思う　I believe that ...

　第 1 に～　Firstly, ...　　　　第 2 に～　Secondly, ...

　学校の図書館にマンガがある　school libraries have manga / ... have manga in school
　libraries

　これは～だからだ　This is because ...

_____

_____

_____

_____

(6)　次の質問に対して自身の考えを英語で書きなさい。その際，理由を 2 つ述べ，40 語以上 50 語程度で書くこと。コンマ，ピリオド等は語数に含まない。

　Where do you want to go on your next trip, a foreign country or a place in Japan ?

_____

_____

_____

_____

(7)　以下の指示に従って英語で書きなさい。

あなたのこれまでの英語学習の体験と，英語学習についての考えを，40 語以上 50 語以内の英語で述べなさい。

　① 第 1 文は，あなたがこれまでどれくらいの間，英語を学んできたかを書きなさい。

　② 続けて，あなたのこれまでの英語学習の体験と，英語を学ぶことについて考えたことを，具体的例を挙げながら書きなさい。

　③ 最後に，使用した語数を数え，(　　　) に記入しなさい。

_____

_____

_____

（　　語）

(8) もしあなたが作家(a writer)だとしたら，何についての文章を書きますか。大まかな
内容とそれを書きたいと思った理由について 40 語以上，55 語以内の英語で書きなさい。
[If I]に続けて書き始めること。なお，書き終わったら，以下の注意事項に従い，語数
を(　　)に記入すること。

〈注意事項〉　・印刷されている[If I]は語数に含めない。

　　　　　　・符号(, / . / ? / ! / " / " / : / ; など)は 1 語として数えない。

　　　　　　・ハイフンでつながれた語(five-year-oldなど)は 1 語として数える。

　　　　　　・短縮形(I'm / can't など)は 1 語として数える。

　　　　　　・数字(2023 / 15など)は 1 語として数える。

　If I _____

_____

_____

_____

_____

（　　語）

(9) Which do you think is better for reading, borrowing books from a library or buying
books at a bookstore? Tell us your idea with two or three reasons. Write in English
and use about 50 words. Please write the number of words in the space (　words) on
the answer sheet.

_____

_____

_____

_____

（　　words)

(10) 一度始めたものは長く続けることが大事だという意見と，様々な異なるものを試して
みることが大事だという意見がある。あなたはどちらの意見に賛成か，具体的な理由と
例を挙げてあなたの考えを 80 語以上 100 語以内の英語で書きなさい。ただし，，や．
や？などは語数に含めないものとする。

_____

_____

_____

_____

_____

_____

_____

(11) 以下についてあなたの経験を 100 語程度の英文で書きなさい。
Tell us about an important decision that you have made.　　（注）decision　決断

_____

_____

_____

_____

_____

_____

(12) 次の絵は，電気自動車を買いに来たお客とお店の店員の会話である。お客は car A, B,
C の 3 つの電気自動車の中からどれを買うべきか迷っている。お客のセリフの下線部に
適切な英語を補い，会話を成立させなさい。

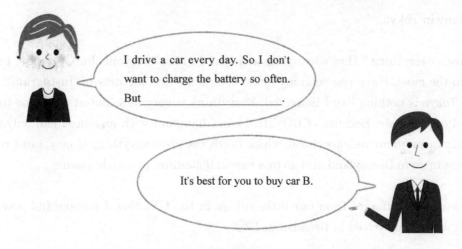

	car A	car B	car C
how fast it can drive	250 km/h	60 km/h	150 km/h
price	$ 100,000	$ 17,000	$ 50,000
how far it can drive	650 km	150 km	500 km

I drive a car every day. So I don't want to charge the battery so often. But _____.

It's best for you to buy car B.

(13) 以下の問いについて，英文で書きなさい。⑤は主張の理由を 2 つ述べなさい。

① What would you like to do in high school ?

② What is one of the good things for Japanese people to work from home ?

③ Do you think children should help their parents at home ? Why ?

④ What is the most important thing for old people to enjoy their lives ? Why ?

⑤ Smartphones will make people smarter in the future. Do you agree or disagree ? Why ?

① _____

② _____

③ _____

④ _____

⑤ _____

_____

(14) Read the passage and answer the questions below.

Jenny is British and is 14 years old. Her family has moved from England to Tokyo, Japan.

You are Jenny's friend who lives in the UK. She writes a message to you using a messaging application on her phone.

Jenny in Tokyo

How's everything ? How's everyone at school ? I miss everyone, but of course, I miss you the most. Have you seen my latest comments and pictures on Instagram ? Life in Tokyo is nothing like I imagined. Everything is very new, but at the same time I feel quite lonely. Because of COVID, I can't hang out with anyone. I can only take walks around my neighborhood, which is OK because everything is new, but I really want to go to Disneyland and go to a baseball stadium to watch a game.

Tokyo is so different from our little village in the UK. Now I understand how you felt when you arrived in Broadstone !! ☺

Because my first term classes were online, I still haven't made any close friends yet ☹ . But I got some good news yesterday. Classes at school will start from next week ! At first, I was really excited but now I'm feeling really nervous.

As you know, I cannot speak much Japanese, so how will I make new friends ? Luckily, you taught me some basic words and phrases. They work great at the コンビニ（Did I write that correctly ?）, but how can I talk to my classmates ? Should I join a club ?
I really need your help. Can you give me some advice ?!   19:34

（注） messaging application メッセージアプリ   COVID 新型コロナウイルス感染症
       hang out ぶらぶらして時間を過ごす   Broadstone ブロードストン（イギリスの地名）   term 学期

You are Jenny's friend who lives in the UK. Write a reply to her. In your reply, include your advice. Write around 80 words.

_____

_____

_____

_____

_____

_____

_____

(15) あなたはニュージーランドからの交換留学生を受け入れることになっています。この
　　 数週間，その留学生とメールでやり取りをしてきました。今回，あなたは以下のような
　　 メールを受け取りました。

To: you@hosei.jp
From: astudent@nzschool.nz
Subject: Secret plan

Hello again,

Thank you for telling me all about your school. Do students really dye their hair purple for Sports Day? That sounds like so much fun. My school is very strict. I would get in a lot of trouble if I changed my hair color! Our Sports Day is very traditional. It's like the Olympics. We have track and field events and medals are awarded for the top three places. I won a silver medal in the 800m race last year. Actually, running is one of my hobbies. Do you like doing any sports?

I can't believe I'm going to be in Japan next month! I'm so excited! Compared to my small town, Wanaka, Tokyo is like a different planet! Haha! I have seen some videos about Kamakura. It looks amazing. It must feel like you are going back in time when you go there. Is it easy to get there from your house? I'd love to see the Big Buddha. Anyway, the main reason I'm writing to you is because you told me about a "secret plan" you have. You said that you have planned a special day out for me and I know you said the plan is secret, but I really want to know what we are going to do. Please, please tell me !!!
I promise I won't tell anyone ☺ I'm good at keeping secrets.

I'm really looking forward to seeing you in person. I feel like we are great friends already !

See you next month – 24 days and counting !!

Your friend,

(注)　track and field　陸上競技　　award　授ける　　compared to ～　～と比べて

　　　Wanaka　ニュージーランドの地名　　the Big Buddha　大仏

　　上記のメールへの返信として，あなたがその留学生と一緒に出かける日のプランを説明するメールを 100 語程度の英語で書きなさい。なお，箇条書きではなく文章で書くこと。

_____

_____

_____

_____

_____

_____

_____

英作文

解答

(1)　（例）A smartphone is a portable device that allows us to make phone calls, send messages, browse the Internet, take pictures, watch videos and so on. We should set a time limit for using the smartphone so that we will not depend on it too much.（45 語）

(2)　（例）① they can talk with their friends face to face more if they do not use their smartphones（17 語）

　② they will notice that it is easier to study without smartphones（11 語）

　③ they will not get calls or text messages from their friends when they are studying（15 語）

(3)　（例）(A)　I agree with this idea. There are some differences among people, but they are not important for us to live on the earth. If we understand that, racial discrimination will disappear on the earth.（34 語）

　(A)　I disagree with this idea. Some people haven't liked different races for a long time. Because of the difference, a lot of wars happened. So, it is impossible for racial discrimination to disappear.（33 語）

　(B)　I agree. We should use Eco bag because we must save the earth. If we use plastic bags, we cannot keep the earth live long. It is necessary for us to make the earth cleaner.（35 語）

　(B)　I disagree with this idea. It is useful for us to use plastic bags. We can live easily by using plastic bags, so it is not necessary for us to use Eco bags.（33 語）

　(C)　I agree with this idea. It is convenient for us to take online lessons. Even if we cannot go out, we can learn many things at home. That's why online lessons are useful for us.（35 語）

　(C)　I disagree with this idea. It is difficult for us to take online lessons alone because there are a lot of more interesting things at home than what we have to study. (32 語)

(4) (例) (Teachers shouldn't give us homework during a long vacation. I have two reasons.) First, I want to learn about things which I am really interested in. I need a lot of time to do that. Second, I think students should do many kinds of things during a long vacation. It is important for young people to experience many things. (46 語)

(5) (例) I believe it is good to have manga in school libraries because manga is not just funny stories. Actually, you can learn many school subjects through manga. For example, I learned a lot about Japanese history by reading manga and even got a great score on my history test because of this. (52 語)

(例) I don't think that school libraries should have manga. Firstly, we should be able to read long sentences. Our textbooks are not manga, so we have to read long sentences when we study. Secondly, many people have their own manga, so they don't have to read them in school libraries. (50 語)

(6) (例) I want to go a famous and beautiful place in Japan. The first reason is because I want to know more about Japan. And the second reason is because I am very busy, and I don't want to spend many days in travelling. (43 語)

(例) I want to visit a foreign country and talk with many people. The first reason is because I want to speak English. We study English hard every day, but we don't use it in Japan. The second reason is because I want to learn foreign cultures. (46 語)

(7) (例) I have learned English for three years. At first, I only read and wrote English. One day, I watched an English movie and thought that just reading and writing were not enough to learn English. I have tried to listen to and speak English since then. (46 語)

(8) (例) (If I) were a writer, I would write about adventure of boys. In the

story, some boys visit a large dark forest where no one lives. They learn many important things through the adventure. I want to write about this adventure because I had a good experience like this when I was a little boy. (53 語)

(9) （例）I think buying books at a bookstore is better than borrowing books from a library. I own the book. It means I can read it many times or take time to read it without worrying about the return date. I can even mark the words or sentences which I find interesting or important. （53 words）

（例）I think it is better to borrow books from a library than to buy them at a bookstore. I can save money by doing this. I don't need to keep them in my bookshelf. And I can save the earth because of saving papers made from woods. (47 words)

(10) （例）I agree with the opinion that you should try several different things. If you try several different things, you can have many choices. You'll be able to find something you really like or you're good at after trying many things. Then you can concentrate on something that makes you feel happy. You'll also be able to change to an alternative course more smoothly. For example, even if you get injured while playing sport and can't play it well anymore, you still have some other alternatives that interest you. Your experiences will help you make the best choice for you. （99 語）

（例）I agree to the opinion that you should keep doing one thing for a long time. First reason is that we can't get any skill without spending a lot of time. For example, if we want to speak foreign language well, we should study every day and sometimes go abroad. To keep doing one thing has another good point. These experiences will make our confidence. Even if we feel nervous about the exam, what we have done will encourage us. For these reasons, I agree to this opinion. (88 語)

(11) （例）I have been playing the piano for about ten years. I like to play it,

but I was not good at playing in front of other people. I always became nervous. When I was eleven years old, I decided to take part in a piano contest and try my best to win. I wanted to change myself. I asked my piano teacher about how to play in front of people without being nervous and practiced it very hard. Sometimes I practiced for ten hours a day. At the contest, I could not win, but I really enjoyed playing there. Now, I do not become nervous, and I like playing the piano better than before. (114 語)

(12) (例) I want to save money. [I want to buy the cheapest car.]

(13) ① (例) I would like [want] to study English harder in high school.

② (例) They don't have to get on trains.

(例) They do not have to commute to work.

(例) They can spend more time with family.

③ (例) I think children should help their parents at home because children are part of the family.

(例) I do not think children should help their parents at home because they are busy studying.

④ (例) I think having a hobby is the most important thing for them to enjoy their lives. It is because they can make friends through their hobbies.

⑤ (例) I agree with the opinion. I have two reasons. First, people can look up information on the Internet and get new knowledge with smartphones. Second, people can connect to others more by using social media. Therefore, I think smartphones will make people smarter in the future.

(例) I disagree with the opinion. I have two reasons. First, people can easily play online games with smartphones. It is a waste of time. Second, people do not use their brains if they use smartphones to calculate or to get directions. Therefore, I do not think smartphones will make people smarter in the future.

(14) (例) Hello, Jenny. I miss you so much. You say you worry about your

new school life, but you don't have to worry about it. Because you are a very good girl, you will soon find many friends at school. I'm sure of it. I think you should join a club at school if you can. If you do so, finding new friends will be easier. And also, you can find a new thing you can enjoy a lot.（78 語）

(15)　（例）Hello, again. I wanted to keep my plan a secret, because it will make you more excited. However, you really wanted to know how we're going to spend for our special day out. OK. Let me tell you briefly. Do you know a Japanese musical instrument Koto? My sister takes its lesson. Actually, I'm planning to take you to a recital of Koto by my sister. Afterwards how about going to a festival in our city? You can try some Japanese food and join local people's traditional dance. I hope you'll get in touch with Japanese culture through these experiences. I can't wait. See you soon.（106 語）

 全訳

(2)　学生はスマートフォンなしで週に 1 日過ごすべきだ。

私は，学生がスマートフォンなしで週に 1 日過ごすべきであるという声明に同意する。私には 2 つの理由がある。

まず，彼らは他の活動に 1 日を費やすことができる。例えば（①）。

第二に，（②）。例えば（③）

これらの理由から，学生は週に 1 日はスマートフォンを使うことを避けるべきである。

(6)　あなたは次の旅行でどこへ行きたいですか，外国ですか，日本にある場所ですか？

(9)　図書館から本を借りて読むのと，書店で本を買うのは，どちらがよいと思いますか。理由を 2 つか 3 つ挙げてあなたの意見を教えてください。英語で書き，約 50 語を使いなさい。解答用紙の（　words）の箇所に単語数を書いてください。

(11)　あなたがした重要な決断について述べなさい。

(12)

	車 A	車 B	車 C
どれだけ速く走れるか	時速 250km	時速 60km	時速 150km
価格	100,000 ドル	17,000 ドル	50,000 ドル
どのくらい遠くまで走れるか	650km	150km	500km

私は毎日運転します。だから, そんなにひんぱんにバッテリーを充電したくないです。でも,
(　　　　　)。

—あなたにとっては B を買うのが最もよいですね。

(13)　①　あなたは高校で何をしたいですか。

　　　②　日本人にとって在宅勤務のよい点の 1 つは何ですか。

　　　③　あなたは子供が家で親の手伝いをするべきだと思いますか。その理由は？

　　　④　お年寄りが生活を楽しむのに 1 番大切なものは何ですか。その理由は？

　　　⑤　スマートフォンは将来, 人をさらに賢くするでしょう。あなたは同意しますか。同意しませんか。その理由は？

(14)　文章を読んで, 以下の質問に答えなさい。

　　　ジェニーはイギリス人で 14 歳です。彼女の家族はイギリスから日本の東京に引っ越してきました。

　　　あなたはイギリスに住んでいるジェニーの友達です。彼女は電話からメッセージアプリを使ってあなたにメッセージを書きます。

東京のジェニー

　調子はどうですか。学校のみんなはどうですか。みんながいなくて寂しいですが, もちろんあなたを最も恋しく思っています。インスタグラムでの私の最新のコメントや写真を見ましたか。東京での暮らしは私が想像していたようなものではありませんでした。すべてがとても新しいですが, 同時に私はかなり孤独を感じています。新型コロナウイルス感染症のせいで, 誰とも遊びに行けません。私は近所を散歩することだけしかできず, 何もかもが新しいのでそれもよいのですが, 私は本当はディズニーランドに行ったり, 野球場に試合を見に行ったりしたいのです。

　東京は, イギリスの私たちの小さな村とは大きく異なります。今では, 私はブロードストンに到着したときのあなたの気持ちがわかります!!

　1 学期の授業はオンラインだったので, まだ親しい友達はできていません。でも, 昨日うれしいニュースが入ってきました。来週から学校での授業が始まります！　最初はとても楽しみでしたが, 今はとても緊張しています。

　ご存知のとおり, 私は日本語があまり話せないので, どうやって新しい友達を作ればいいでしょうか。幸い, あなたは私にいくつかの基本的な単語やフレーズを教えてくれました。それらはコンビニ（正しく書けましたか？）でとても役立ちましたが, クラスメイトとはどのように話せばよいでしょう？　部活動には入るべきでしょうか？

本当にあなたの助けが必要です。アドバイスをくれますか?!　　　　　　　　　　19:34

　　　あなたは英国に住むジェニーの友達です。彼女への返信を書きなさい。返信には, アドバイスを含めなさい。約 80 語で書きなさい。

(15)　宛先：you@hosei.jp
　　　送信者：astudent@nzschool.nz
　　　件名：秘密の計画

- -

　　再びこんにちは，

　　あなたの学校についていろいろ教えてくれてありがとう。生徒は体育祭で，本当に髪を紫に染めるのですか？　とても楽しそうですね。私の学校はとても厳しいです。もし私が髪の色を変えたら，大変なことになるでしょう！　私たちの体育祭はとても伝統的です。オリンピックのようですよ。陸上競技があり，上位3位にはメダルが授与されます。私は去年，800メートル走で銀メダルを獲得しました。実は，ランニングは私の趣味の1つなのです。あなたは何かスポーツをするのが好きですか？

　　来月には私が日本にいるなんて信じられません！　とても興奮しています！　私の小さな町ワナカと比べて，東京はまるで別の惑星のようです。あはは！　私は鎌倉に関するビデオをいくつか見たことがあります。素晴らしいですね。そこに行ったら，時間が戻っているような気持ちになるはずです。あなたの家からそこへ行くのは簡単ですか？　私は大仏を見たいです。とにかく，私があなたに手紙を書いている主な理由は，あなたの持っている「秘密の計画」について話してくれたからです。あなたは私のために特別な日を計画してくれたと言い，その計画は秘密だと言ったのはわかっていますが，でも私は私たちが何をするのか本当に知りたいです。どうか，どうか教えてください!!!　私は誰にも言わないと約束します。秘密を守るのは得意なんです。

　　直接会えるのを本当に楽しみにしています。私たちはすでに素晴らしい友達だと感じています！

　　来月会いましょう − 24日後まで !!
　　あなたの友達，

 解説

(1)　まず，スマートフォンがどのようなものかについて，使用方法や持ち運べることなどを書く。次に，スマートフォンを使う上での注意点を書く。使いすぎると健康に悪影響が出る可能性があることや，個人情報の流出に気をつけることなどが挙げられる。

　　（解答例の訳）スマートフォンは，電話，メッセージ送信，インターネット閲覧，写真撮影，動画視聴などを可能にする携帯機器である。私たちはそれに依存しないようにするため，利用時間の制限を設けるべきだ。

(2)　①　「他の活動に1日を費やす」具体例を挙げる。「友達と直接会って話す」「友達とスポーツをして楽しむ」などを挙げたい。

（解答例の訳）彼らがスマートフォンを使わなければ，友達ともっと直接会って話せる

② 1つ目が「他の活動に1日を費やす」であったので，「スマートフォンがない方がいい」という内容にしたい。「勉強がしやすい」「勉強に集中できる」などが適切である。

（解答例の訳）スマートフォンがないほうが勉強しやすいと気づくだろう

③ ②で書いたものを具体的に書こう。「スマートフォンで友達と連絡を取る必要がない」「スマートフォンでゲームをする時間が必要ない」などが適切である。

（解答例の訳）勉強しているときには，友達からの電話やテキストメッセージは受信しないだろう

(3) 書きたい文を書くのではなく，今の英語力で書ける英文を心がけること。また，30～40語と語数も多いため，長く書けそうなテーマをよく選んでから書くようにすること。以下の点に注意したい。

① スペルミスはないか。／ ② 時制があっているか。／ ③ 名詞の形は正しいか（単数形か複数形か）。／ ④ 主語と動詞が入っているか。／ ⑤ 正しく冠詞（a, an, the など）を使っているか。

定型文を決めて取り組むとすばやく解くことができる。また，書いた英文の内容が，選んだ意見から大きく外れないように気をつけよう。

・I agree[disagree] with this idea.

・It is ~ for me[us] to …. などを用いるとよいだろう。

（解答例の訳）（A）私はこの考えに賛成です。人によって多少の違いはありますが，私たちが地球上で生きていく上でそれは重要ではありません。そのことがわかれば，地球上から人種差別はなくなるでしょう。

（A）私はこの考えには反対です。長い間，異なる人種が好きではなかった人もいます。その違いにより，多くの戦争が起こりました。したがって，人種差別がなくなることは不可能です。

（B）賛成です。私たちは地球を守らなければならないので，エコバッグを使用すべきです。レジ袋を使っていては，地球を長く生かし続けることはできません。私たちは地球をきれいにしていく必要があります。

（B）私はこの考えには反対です。レジ袋を使うと便利です。私たちはレジ袋を使えば楽に暮らせるので，エコバッグを使う必要はありません。

（C）私はこの考えに賛成です。オンライン授業が受けられるのは便利です。外出できなくても，家でたくさんのことを学ぶことができます。だからこそオンライン授業が役に立つのです。

（C）私はこの考えには反対です。家では勉強しなければならないことよりも面白いことがたくさんあるので，一人でオンライン授業を受けるのは難しいです。

（4）　長期休暇中に宿題を出さないでほしいと思う理由を 2 つ書く。理由を挙げるときは，解答例のように，First, ～ . Second, ... としたり，The first reason is that ～ . The second reason is that .... 「最初の理由は～。2 番目の理由は…」のように表したり，また，2 番目の理由を挙げるときに Also,「また，」とすることもできる。条件が「今年の夏休み」のように限定された休暇ではないので，「この夏は家族と長い旅行に行く」，「今年の夏休みには大切なテニスの試合がある」などのようにその場限りの理由や事情ではなく，一般に長期休暇中にするべきであると考えることや，したいことを挙げた方がよい。

（解答例の訳）まず，私は本当に興味のあることについて学びたいです。そうするためにはたくさんの時間が必要です。次に，学生は長期休暇中にいろいろなことをするべきだと思います。多くのことを経験することは若者にとって大切です。

（5）　英作文を書くときは，指示された条件をよく守ることが重要である。ここでは，賛成か反対かという自分の立場をはっきりと示しながら書くことに気をつけたい。また，（注）に用意されている表現を積極的に使うようにするとよい。内容についてはなるべく簡潔でわかりやすいものにして，スペルミスや文法上のミスがないようによく注意して書くべきである。

（解答例の訳）マンガは，単なる面白い話ではないので，学校の図書館にマンガがあるのは良いことだと思います。実は，マンガを通じて多くの学校の科目を学ぶことができます。たとえば，私はマンガを読むことで日本の歴史について多くのことを学び，そのおかげで歴史のテストでも良い点を取れました。

（解答例の訳）私は学校の図書館にマンガを置くべきではないと思います。第1に，長い文章を読めるようにならねばなりません。教科書はマンガではないので，勉強するときは長い文章を読まなければなりません。第2に，多くの人が自分でマンガを持っているので，学校の図書館でマンガを読む必要はありません。

(6) 「理由を2つ述べる」や「40語以上50語程度で書く」などの条件を守って書くことに注意する。行った場所で何をしたいかということや，興味を持ったきっかけなどを書くとよい。

（解答例の訳）私は日本の有名で美しい場所に行きたいです。1つ目の理由は，日本のことをもっと知りたいからです。そして2つ目の理由は，私はとても忙しいので，旅行に何日も費やしたくないからです。

（解答例の訳）外国を訪れてたくさんの人と話したいです。1つ目の理由は，英語を話したいからです。私たちは毎日英語を一生懸命勉強していますが，日本では使いません。2つ目の理由は，外国の文化を学びたいからです。

(7) 最初に自分が英語を学習している期間を書く。継続していることなので，現在完了を使って I have learned English for [since] 〜 . の形で書くとよい。これまでの英語学習の体験についてはさまざまだが，ある体験をきっかけにして学んだことや，英語力の向上につながったことなどを書くとよいだろう。設問の条件である，「英語を学ぶことについて考えたこと」についてはっきりと書く必要がある。解答例の「ただ読んで書くだけでは英語を学ぶには十分ではないと思った」のように，具体的に書く必要がある。

（解答例の訳）私は英語を3年間学んでいる。最初は，英語を読んで書くだけだった。ある日，私は英語の映画を見て，ただ読んで書くだけでは英語を学ぶには十分ではないと思った。私はそれ以来，英語を聞いたり話したりしようと努力している。

(8) 解答者は基本的には作家ではないので，仮定法を用いて，If I were a writer, I would write about 〜 . などの形で書き出す。特に細かい条件はないので，最初に日本語で書く内容を決めてから英語で表すとよい。あえて難しい英語を使う必要はないので，なるべく書きやすい内容を考えることも重要。文章の内容は現在形で表す。また，書きたいと思う理由が問わ

れているので，字数制限から，書く内容とそれを書きたいと思った理由を
それぞれ最低 1 文でまとめる工夫も必要である。

(解答例の訳) もし私が作家だったら，少年たちの冒険について書くだろう。
その話の中で，何人かの少年たちが誰も住んでいない，広く暗い森を訪れる。
彼らはその冒険を通して多くの大切なことを学ぶ。私は幼い少年のときに
これと同じようなよい経験をしたのでこの冒険について書きたい。

(9)　まず，「図書館で本を借りる」か「書店で本を買う」のどちらがよいか，
自分の立場を決める。英語は結論を最初に書くことが好まれるため，1 文
目でどちらがよいかを書こう。次に「2 つか 3 つの理由」を書くことが求
められている。考えの筋道をメモしてから書き始めるとよいだろう。

(解答例の訳)　私は図書館から本を借りるよりも書店で本を買う方がよい
と思います。私はその本を所有します。それは，何度も読んだり返却日を
気にすることなく時間をかけて読んだりできるということです。興味を引
かれたり重要と思った単語や文に印をつけることさえできます。

(解答例の訳)　私は本屋で本を買うより，図書館で借りるほうがいいと思いま
す。こうすることでお金を節約できます。それらを本棚に保管する必要はあ
りません。木材から作られた紙を節約することで，地球を救うことができます。

(10)　条件をよく読むこと。身近なことについて自分の意見を持ち，その理由を
英語で書けるように練習しておこう。

(解答例の訳)　私は様々な異なることをしてみるべきだという意見に賛成
です。もし様々な異なることをしてみたらたくさんの選択肢を持てます。
多くのことをやってみたあとに本当に好きな何か，またはあなたが得意な
何かを見つけられるでしょう。それから自分が幸せに思う何かに集中でき
ます。また他の道によりスムーズに変更することもできます。たとえば，
たとえスポーツをしているときに怪我をしてもう上手くプレイができない
としても，あなたの興味をひくような他の選択肢があなたにはまだあるの
です。あなたの経験は最善の選択をするのに役立つでしょう。

(解答例の訳)　私は，1 つのことを長く続けるべきだという意見に賛成します。
1 つ目の理由は，多くの時間を費やさなければ技術を習得できないことです。
たとえば，外国語を上手に話したいなら，毎日勉強し，時には海外に行くべ

きです。1つのことを続けることには，別のよい点もあります。これらの経験が私たちの自信になります。たとえ試験で緊張していても，自分がやってきたことは励みになります。以上の理由により，私はこの意見に同意します。

(11) 与えられたテーマである「重要な決断」について，その決断をした理由や目的と，決断をしたことでどのような変化が起こったかを書こう。難しい表現を使う必要はなく，伝えたいことをシンプルな英文にすることが大切だ。
(解答例の訳) 私はピアノを約10年弾いています。ピアノを弾くのは好きですが，他の人の前で弾くことは苦手でした。いつも緊張してしまいました。私が11歳のとき，ピアノのコンテストに出て，一等を取るためにベストを尽くすことを決めました。私は自分自身を変えたかったのです。私は緊張せずに弾く方法についてピアノの先生に尋ね，とても一生懸命練習しました。時には1日10時間練習しました。コンテストでは一等を取ることはできませんでしたが，そこで弾くことをとても楽しみました。今では緊張することはなく，今までよりピアノを弾くことが好きになりました。

(12) 店員がBを勧めている点から，車Bの特徴を答えに活用する。他に考えられる答えとして，I want to drive it slowly.（ゆっくり運転したい），I don't need to drive so far.（長距離を運転する必要がない）などが考えられる。
(解答例の訳) 私はお金を節約したい。[私は最も安い車を買いたい。]

(13) ① 解答例とは別の教科（math「数学」，science「理科」など）も可。
(解答例の訳) 私は高校でもっと一生懸命に英語を勉強したいです。

② 〈don't have[need] to ＋動詞の原形〉「～する必要がない」 can ～「できる」 commute to work「通勤する」
(解答例の訳) 電車に乗らなくてもよい。／ 通勤する必要がない。／ 家族とより多くの時間が過ごせる。

③ まず，手伝いをするべきか，そう思わないかを明確にする。次に，その理由を書く。because ～や that is why ～などの表現が使える。
(解答例の訳) 私は子供が家で親の手伝いをするべきだと思います，なぜなら子供は家族の一員だからです。
(解答例の訳) 私は子供が家で親の手伝いをするべきだと思いません，なぜなら勉強で忙しいからです。

CHAPTER 04 | 英作文　解答・解説

④　趣味，健康，家族，友達などが考えられる。

（解答例の訳）私は趣味を持つことが，彼らが生活を楽しむのに1番大切なものだと思います。趣味を通じて友人を作ることができるからです。

⑤　賛成か反対かを示したあと，理由を2つ述べる必要があるので，First, ～ . Second, ～ . と列記する表現が使える。

（解答例の訳）私はその意見に賛成です。2つ理由があります。第1に，スマートフォンを使って，インターネットで情報を調べ，新しい知識を得ることができます。第2に，ソーシャルメディアを使って，人とさらにつながることができます。それゆえ私はスマートフォンが将来，人をさらに賢くすると思います。

（解答例の訳）私はその意見に同意しません。2つ理由があります。第1に，スマートフォンを使って簡単にオンラインゲームができます。それは時間の無駄です。第2に，計算するためや道順を知るためにスマートフォンを使うと，自分の脳を使いません。それゆえ，私はスマートフォンが将来，人をさらに賢くするとは思いません。

(14)　英作文を書くときには条件を必ず守ること。ここでは「約80語で」とあるので，語数をきちんと守るようにしたい。また，「アドバイスを含めなさい」とあるので，「どうすればクラスメートと話すことができるでしょうか？　クラブに参加する必要があるでしょうか？」というジェニーの疑問に答えたり，新しい学校で幸せに過ごすのに役立つと思われることを書くようにするとよい。

（解答例の訳）こんにちは，ジェニー。私はとても寂しいです。新しい学校での生活が心配だと言っているけれど，心配しなくてもいいですよ。あなたはとても素敵な女の子なので，すぐに学校でたくさん友達ができますよ。私はそう確信しています。できるなら，学校で部活動に入るのがよいと思います。そうすれば，新しい友達を見つけるのが簡単になるでしょう。それだけではなく，とても楽しめる新しいものが見つけられるかもしれません。

(15)　留学生と出かける日のプランを説明するメールを100語程度の英語で書く自由・条件英作文。

（解答例の訳）あらためまして，こんにちは。あなたがわくわくすると思っ

て計画を秘密にしたかったのです。ですが，私たちの特別な日をどう過ごすのかどうしても知りたいのですね。いいでしょう。簡単にお伝えしましょう。日本の楽器の琴を知っていますか？　私の姉［妹］が習っています。実は，姉［妹］の琴の発表会に連れて行こうと思っています。その後，私たちの町のお祭りに行くのはどうですか？　いくつか日本料理を食べてみたり，地元の人たちの伝統的な踊りに参加したりできます。それらの経験を通じて，日本文化を知ってもらえたらいいと思っています。私は待ち切れません。ではまた。

 英作文はどうやって書いたらいいですか。

 どんな内容を書くか，語句などをメモしてから文に組み立てるといいよ。
「賛成か反対の立場で」「理由を○つ述べて」などの条件にも注意しよう。

仮定法

1 仮定法（仮定法過去）　現在の事実に反することを仮定する表現。

If I knew his phone number, I could call him.

「もし彼の電話番号を知っているならば，彼に電話をかけられるのに」

…実際には知らないことを「知っている」と仮定するので，過去形の knew を用いて，〈現在〉の事実の反対を表す。

● be 動詞で仮定法を表すとき，主語の人称や数にかかわらず be 動詞は過去形 were を用いる。口語では was も用いることがある。

If I were you, I would take that job.

「もし私があなたならば，その仕事を引き受けるのだが」

2 願望を表す仮定法

I wish ～　「～ならいいのに／～だったらよかったのに」

→現在・過去の事実の反対を願望する表現。

I wish I were a bird.「私が鳥ならよかったのに」

…〈現在〉の事実と反対のことを願望する文。過去形 were を用いる。

① 英問英答

学習のポイント

● 見えている頭文字や最後の一字をヒントに考えよう
● 文法的にどの品詞が必要なのかも手がかりにする

Fill in each blank with **one word** that best completes the meaning of the passage. The first or the last letter is given.

Around the world, people (1)＿＿＿＿＿ **-w** away roughly four million tons of trash every day–that's (2)＿＿＿＿＿ **-h** to fill 350,000 garbage trucks or 10 Empire State Buildings. About 12.8 percent of that waste is plastic, which (3) **c-**＿＿＿＿＿ big problems for wildlife: some animals (4) **m-**＿＿＿＿＿ plastic for food, (5)＿＿＿＿＿ **-e** others can become entangled in the trash.

On your way to a soccer game or activity, it's easy to grab a cold bottled water right out of the fridge. But all those plastic bottles use a lot of fossil fuels and pollute the (6)＿＿＿＿＿ **-t**. Imagine a water bottle (7) **f-**＿＿＿＿＿ a quarter of the way up with oil. That's about how much oil was needed to produce the bottle.

Water is good for you, so keep (8) **d-**＿＿＿＿＿ it. But think about how (9)＿＿＿＿＿ **-n** you use water bottles, and see if you can make a change. And yes, you can make a (10) **d-**＿＿＿＿＿ . (11) **R-**＿＿＿＿＿ one plastic bottle can save (2)＿＿＿＿＿ **-h** energy to power a 60-watt light bulb for six hours.

(1) (   )   (2) (   )   (3) (   )

(4) (   )   (5) (   )   (6) (   )

(7) (   )   (8) (   )   (9) (   )

(10) (   )   (11) (   )

② 英問英答

　学習のポイント

● まずは何を問われているのかを理解しよう
● 各メッセージの内容を把握し，合致するものを選ぶ

次のサラ（Sara）とケイト（Kate）のメッセージのやり取りを読んで問いに答えなさい。

Hi, Kate. How's everything? We haven't met each other since you went into hospital.
When you fell down from a teammate's shoulder during cheerleading practice, I was so shocked and felt like my heart stopped. I heard you had an operation. Was it OK? I hope everything goes well. Bye.

4.16.15:00

Hi, Sara! Thank you for texting me. I'm OK now. After I was taken to the hospital, I had some medical examinations to check the damage to my left leg.
An operation was needed and done yesterday.
At first, I was worried a bit, but the doctor said everything went smoothly.
I need some rehabilitation, though. I will be able to practice again in a couple of months.
Hope to see you soon!

4.16.15:28

Good news! We all miss you so much. I'll go to see you in the hospital soon. Tell me what you want me to bring. See you then!

4.16.15:37

（注）　text ～にメッセージを送る　　rehabilitation リハビリテーション

(1) Why did Kate go into hospital ?

　① She fell down the steps when she was with Sara.

　② She felt sick during the club practice and passed out.

　③ She got hurt during the cheerleading practice.

　④ She hit her own shoulder during the cheerleading practice.

（　　）

(2) What must Kate do after the operation ?

　① Cheerleading.

　② Rehabilitation.

　③ Checking the damage.

　④ Calling her friends.

（　　）

(3) When can Kate start cheerleading again ?

　① February 16.

　② March 16.

　③ May 16.

　④ June 16.

（　　）

(4) Where will Kate and Sara meet ?

　① At the gym.

　② At Kate's house.

　③ At the hospital.

　④ ROOM 203.

（　　）

(5) How will Kate reply to Sara's second text message ?

　① Don't worry. You will be fine soon.

　② Thanks ! Would you record some club practice and show it to me ?

　③ OK, I will bring your uniform !

　④ Good. Let's meet in front of the gym tomorrow.

（　　）

③ 英問英答

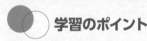 学習のポイント

● まずは何を問われているのかを理解しよう
● 文法的に正しい文にするためにはどうすればよいかを考える

Choose the best answer from (A), (B), (C), or (D), to complete the e-mail below.

Hi, Alan !

Thank you for your e-mail ! I know you like Japanese manga, just like (1) , so I want (2) you about my plan (3) stay enjoyable when you (4) to Japan. We will take a train to Odaiba and spend three hours at Tokyo Big Sight, (5) Comic Market. Comic Market, better known (6) Comiket, is one of Japan's biggest pop culture (7) . You should not miss this one. You said that Dragon Ball had a huge impact on your life. I totally agree that Dragon Ball is the most impressive. There are many characters and the story is interesting. It's a story (8) in other works. (9) I have more time before your arrival, I will send you (10) e-mail with some of the photos of cosplayers dressed as anime characters.

Hope to see you soon !

Your friend,
Akira

(1) (A) I am (B) I do (C) I too (D) me like

( )

(2) (A) talking (B) to say (C) to talk (D) to tell

( )

(3) (A) makes your (B) that make you (C) to make your (D) will make you

( )

(4) (A) came (B) come (C) coming (D) will come

( )

(5) (A) there is (B) where held (C) which holds (D) which is held

( )

(6) (A) as (B) by (C) for (D) to

( )

(7) (A) businesses (B) company (C) events (D) the area

( )

(8) (A) which never found (B) which won't find

(C) you never find it (D) you won't find

( )

(9) (A) But (B) During (C) Usually (D) When

( )

(10) (A) another (B) other (C) some (D) the other

( )

④ 英問英答

学習のポイント

● 見出しや表からの情報にも注目してみよう

● 問題文を正しく読み取り，必要な情報をポスターから引き出す

次の内容に関して，設問に対する答えとして最も適切なものをA～Dから1つずつ選び，記号で答えなさい。

Asagiri Lakes, Kamome National Park
Important Notice to Our Visitors

Temporary change of opening hours

Due to the recent concerns surrounding COVID-19, opening hours have temporary changed until May 31st. Please see below for details of all facilities in Asagiri Lakes.

■ Opening hours

	Lake Parks (Parking Lot, Toilet, Wooden Elevated Path)	Library	Visitor Center (Shop, Café LO. 4:00p.m.)
March 1st - May 31st	10:00a.m. - 4:30p.m.	10:00a.m. - 4:30p.m.	10:00a.m. - 4:30p.m.
June 1st - August 31st	9:00a.m. - 6:30p.m.	9:00a.m. - 6:00p.m.	9:00a.m. - 5:00p.m.

■ Ground Pathway

	Guided Tours Time		Guided Tour Reservation
	Long-Route (3hours)	Short-Route (90min)	
March 1st - May 31st	Suspended	10:00a.m. - 2:00p.m. (Start Every 30min)	By Advanced Reservation Only

*All visitors of Grand Pathway must join guided tours.
*Guided Tour should be reserved through our official website.
*Schedule from June 1st: TBA

We appreciate your understanding and cooperation.

<Contact us>
Asagiri Lakes Visitor Center
TEL: 0052-34-2232 URL: http://www.asagirilakes.com

（1）　What is this poster for ?

A. To ask visitors to stay home for health and safety.

B. To attract more visitors to come to the lakes.

C. To let visitors know opening and closing time of the park.

D. To advise visitors to study more about the lakes before they come.

（　　　）

（2）　What should visitors do to join a guided tour ?

A. Go to the Visitor Center to sign up for the tour.

B. Visit the park's official website and book the tour.

C. Go to Ground Pathway.

D. Make a phone call and contact the Visitor Center.

（注）sign up　申し込む　　book　予約する　　make a phone call　電話をかける

contact　連絡をとる

（　　　）

学習のポイント

● 各項目の情報を整理しながら解こう

● 発言とウェブサイトを比較して，必要な条件をそろえる

次のページの内容に関して，設問に対する答えとして最も適切なものをA～Dから1つずつ選び，記号で答えなさい。

(1)　Which volunteer group would Meg probably apply to ?

　A. Red Cross Kamome.

　B. Kamome University.

　C. Community Café.

　D. Do-Re-Mi.

（　　　）

(2)　When could Meg take part in a language lesson ?

　A. On Mondays.

　B. On Wednesdays.

　C. On Fridays.

　D. On Saturdays.

（　　　）

Hi, I'm Meg. I'm an exchange student from Australia and I'm looking for opportunities to volunteer. I want to meet new people and improve my Japanese through volunteer work. I'm 17 years old and in the second grade at Kamome Highschool. I belong to the school softball team, so can only volunteer on weekends. Also, I'm thinking of taking Japanese lessons in my free time. I'm looking forward to making many friends in Japan!

Red Cross Kamome needs volunteers to provide translation support for our office or language and emotional support to help refugees from Ukraine integrate into their new communities. You must be available for at least three days from Monday through Friday. 18 years and over.

Kamome University is looking for volunteers who can give learning assistance to students with disabilities, including providing assistance to and from classes and lectures. You must be available from 9:00-16:00 for at least one day from Monday to Friday. You need a degree in Economics.

Community Café, the city library's popular café, is looking for part-time volunteers who can help full-time staff. Responsibilities include reading to children and simple café work such as taking orders and serving drinks. Flexible schedule means you can work whichever days you like. 16 years and over.

Do-Re-Mi, Kamome city's oldest musical group, is looking for volunteers to help at events. If you love music and dancing, this is the job for you. You must be available Wednesday evenings, Saturdays and Sundays. 16 years and over.

Nihon-go Lessons by Volunteer Groups

In Kamome City, there are several Japanese language classes organized by volunteer groups. Please see the list (click here) for details. If you have any questions, or wish to visit or apply for a class, please contact the group directly.

● Chinese: Mondays   ● Tagalog: Tuesdays   ● Nepalese: Wednesdays
● Vietnamese: Thursdays   ● Portuguese: Fridays   ● English: Saturdays

① 英問英答

解答

(1) throw   (2) enough   (3) causes   (4) mistake   (5) while

(6) environment   (7) filled   (8) drinking   (9) often

(10) difference   (11) Reducing

全訳

各空所を，文章の意味を最もよく完成させる1語で埋めなさい。最初または最後の文字が与えられている。

世界中で，人々は毎日およそ400万トンのごみ(1)を捨てる。それは35万台のごみ収集車，またはエンパイアステートビル10棟をいっぱいにするのに(2)十分である。そのごみのおよそ12.8%はプラスチックで，それは野生生物に大きな問題(3)を引き起こす。プラスチックを食べ物と(4)間違える動物もいれば，(5)一方でごみにからまってしまう動物もいる。

サッカーの試合や何かの活動に行く時に，冷蔵庫から冷えたボトル入りの水を取り出すことは簡単だ。しかしそれらペットボトルは大量の化石燃料を使い，(6)環境を汚染する。4分の1の高さまで油で(7)満たされた水のボトルを想像してみよう。それはそのボトルを生産するのに必要とされた石油の量なのだ。

水は健康に良いので，(8)飲み続けよう。しかし，どのくらい(9)ひんぱんに水筒を使うか考えてみて，変えられるかどうかやってみよう。そう，あなたは(10)違いを生み出すことができる。ペットボトルを1本(11)減らすことは60ワットの電球に6時間電力を供給するのに(2)十分なエネルギーを節約することができる。

解説

(1)　throw away ~「~を捨てる」

(2)　enough「十分な」

(3)　cause「~を引き起こす」ここでは主格の関係代名詞 which の先行詞が単数の plastic なので，-s を付けて causes とする。

（4）　mistake A for B「A を B と間違える」

（5）　while は対比を表す接続詞。～ , while …「～，一方…」

（6）　environment「環境」

（7）　A filled with B「B でいっぱいの A」ここでは with oil が少し離れている
　　　ことに注意。

（8）　keep ～ ing「～し続ける」

（9）　how often「どのくらいひんぱんに」

（10）　make a difference「違いを生む」

（11）　動名詞句 Reducing one plastic bottle「ペットボトルを 1 本減らすこと」
　　　が文全体の主語になっている。

動詞＋形容詞の表現

1　sound ＋形容詞／ look ＋形容詞

「～に聞こえる，（話を聞いていて）～そうだ」は sound+ 形容詞，「～
に見える，（見た目から）～そうだ」は look+ 形容詞で表す。

That sounds good.

「それは良さそうだ（良さそうに聞こえる）」

He looks happy.

「彼は楽しそうだ（楽しそうに見える）」

2　make ＋人・もの＋形容詞

「人・ものを～な状態にする」は make+ 人・もの＋形容詞の形で表す。

This song always makes me sad.

「この歌はいつでも私を悲しくさせる」

My mother made these dolls cute.

「私の母はこれらの人形たちをかわいくした」

② 英問英答

解答

(1) ③　　(2) ②　　(3) ④　　(4) ③　　(5) ②

全訳

S：こんにちは，ケイト。調子はどう？　あなたが入院してから私たちは会っていないね。
チアリーディングの練習中，あなたがチームメイトの肩から落ちた時，私はとてもショックで心臓が止まったみたいに感じたわ。あなたは手術をしたんだってね。大丈夫だった？　良くなるといいな。じゃあね。

4月16日15時00分

K：こんにちは，サラ。メッセージをくれてありがとう。私は今は大丈夫よ。病院に運ばれた後，私は左足の損傷をチェックするためにいくつか検査を受けたわ。
1回手術が必要で，昨日行われたの。
最初私は少し心配だったけれど，お医者さんがすべて順調に行ったと言っていたわ。
でもリハビリが必要よ。数か月後にはまた練習できると思う。
すぐにあなたに会えることを願っているわ。

4月16日15時28分

S：よかった！　私たちみんな，あなたにとても会いたいわ。
私はすぐにあなたに会いに病院に行くよ。何を持ってきてほしいか教えて。じゃあまた！

4月16日15時37分

解説

(1)　質問は「なぜケイトは入院したのか」という意味。③「彼女はチアリーディングの練習中に怪我をした」

(2)　質問は「ケイトは手術の後に何をしなくてはならないか」という意味。②「リハビリテーション」

(3)　質問は「ケイトはいつチアリーディングを再開できるか」という意味。④「6月16日」

（4）　質問は「ケイトとサラはどこで会うか」という意味。③「病院で」

（5）　質問は「ケイトはサラの 2 番目のメッセージにどのように返信するか」という意味。②「ありがとう！　クラブの練習を録画して私に見せてくれる？」

接続詞 that の名詞節

1　that 節が形容詞に続く場合

連語として覚えるべき表現が多い。

●be sure that ～　「きっと～だと思う，～だと確信している」

I am sure that he will succeed in the exam.

「私は，彼はきっと試験に合格すると思う」

●be afraid that ～　「～ではないかと思う[恐れている]」

→よくないことを思うときの表現

I was afraid that he would fail in the exam.

「私は，彼が試験に失敗するのではないかと思った」

⇔ I hoped that he would succeed in the exam.

　　「私は，彼が試験に合格すればよいと思った」

●be glad that ～　「～をうれしく思う」

She is glad that her son passed the examination.

「彼女は，自分の息子が試験に合格してうれしい」

●be sorry that ～　「～を残念に[気の毒に，すまないと]思う」

I am sorry that your mother has been sick.

「あなたのお母さんがずっと病気なのを残念に[気の毒に]思う」

I am sorry that I was late.

「遅れてすみません」

③ 英問英答

解答

(1) (B)   (2) (D)   (3) (C)   (4) (B)   (5) (C)   (6) (A)

(7) (C)   (8) (D)   (9) (D)   (10) (A)

全訳

(A)～(D) から最適な答えを選び，下のメールを完成させなさい。

やあ，アラン！

メールありがとう。僕は君が (1) 僕と同じように日本のマンガが好きだと知っているから，君が日本に (4) 来る時に，君の滞在 (3) を楽しくする僕の計画について，君に (2) 話したい。僕たちは電車に乗ってお台場に行き，東京ビッグサイトで 3 時間過ごすつもりだよ，そして (5) それはコミックマーケットを開催する。コミックマーケットは，コミケ (6) としてのほうがよく知られているけれど，日本最大のポップカルチャー (7) イベントの 1 つだ。これを逃したらダメだよ。君はドラゴンボールが君の人生に非常に大きな影響をもたらしたと言ったよね。ドラゴンボールは最も印象が強いということに僕は全く同感だ。たくさんのキャラクターがいてストーリーはおもしろい。他の作品では (8) 見当たらないストーリーだ。君の到着前にもっと時間があれ (9) ば，アニメのキャラクターに扮したコスプレイヤーたちの写真を何枚か添付して (10) もう 1 通メールを送るよ。

君にすぐに会えるといいな！

君の友達，アキラ

解説

(1)　I do は I like Japanese manga の意味で,「僕がマンガを好きなように, 君もマンガが好きだ」と言っている。

(2)　〈tell ＋人＋ about ～〉「(人) に～について話す」say, talk はこの構文を取れない。

(3)　my plan to make your stay enjoyable「君の滞在を楽しくするための僕の計画」の to 以下は plan の内容を説明する, 形容詞的用法の不定詞。

(4)　時・条件を表す副詞節中では未来のことでも現在形で表す。

(5)　which holds の which は主格の関係代名詞。hold ～「～を開催する」

(6)　known as ～「～として知られている」

(7)　〈one of the ＋最上級＋複数名詞〉「最も…な (名詞) のうちの 1 つ」

(8)　a story (which) you won't find in other works は目的格の関係代名詞が省略されており,「他の作品の中では見当たらないストーリー」となる。

(9)　直後に〈主語＋動詞〉が続いていることから, 接続詞が入るとわかる。この when は時・条件を表し,「～の場合には」という意味。

(10)　直後の e-mail が単数であることから, another「別の 1 つの, もう 1 つの」を入れる。

 すべて英文だと, どう取り組んだらいいか……。

設問を先に読むと, 本文のどこに注目したらよいかわかりやすい。解き方は, 設問が日本語の場合と同様に考えればいいよ。

直接話法と間接話法（tell ＋人＋ that 〜）

1 時制が同じ場合

My mother always says to me, "Reading books is important."

「母はいつも私に『読書は大切だ』と言う」

＝ My mother always tells me that reading books is important.

「母はいつも私に読書は大切だと言う」

… 「母が言う」のはいつものこと，「読書は大切だ」は一般的なことなので tells も is も現在形。

2 時制が異なる場合

I said to my brother, "I'm busy now."

「私は弟に『今は忙しい』と言った」

＝ I told my brother that I was busy then.

「私は弟に，私はその時忙しいと言った」

時制の一致により，間接話法では am が was になる。直接話法での now は間接話法では then になる。

I said to my friends, "I will be a doctor".

「私は友人たちに，『私は医者になるつもりだ』と言った」

＝ I told my friends that I would be a doctor.

「私は友人たちに，私は医者になるつもりだと言った」

引用される部分に助動詞がある場合は，助動詞を過去形にする。

CHAPTER 05

④ 英問英答

解答

(1) C　(2) B

全訳

朝霧湖，カモメ国立公園

ご来園者への重要なお知らせ

開園時間の一時的な変更について

　COVID-19 に関する現在の状況によって，開園時間は 5 月 31 日まで一時的に変更されました。朝霧湖の全施設に関する詳細は以下をご覧ください。

■開園時間

	レイク・パーク (駐車場, トイレ, 高架木道)	図書館	ビジター・センター (店, カフェ L.O. は午後 4 時)
3 月 1 日 —5 月 31 日	午前 10:00 — 午後 4:30	午前 10:00 — 午後 4:30	午前 10:00 — 午後 4:30
6 月 1 日 —8 月 31 日	午前 9:00 — 午後 6:30	午前 9:00 — 午後 6:00	午前 9:00 — 午後 5:00

■地上遊歩道

	ガイド付きツアーの時間		ガイド付きツアーの 予約
	ロング・ルート (3 時間)	ショート・ルート (90 分)	
3 月 1 日 —5 月 31 日	中止	午前 10:00 — 午後 2:00 (30 分毎にスタート)	事前予約のみ

＊地上遊歩道に来られる方は皆ガイド付きツアーに参加してください。

＊ガイド付きツアーは公式ウェブサイトからご予約ください。

＊6 月 1 日以降のスケジュールは後日発表します。

ご理解とご協力をお願いします。

〈連絡先〉

朝霧湖ビジター・センター

電話：0052-34-2232　URL:http://www.asagirilakes.com

(1) 質問は「このポスターは何のためのものですか。」という意味。ポスターには，国立公園の開園時間，閉園時間の変更について書いてある。Ａ「健康と安全のためにお客様に家にいてもらうよう頼むため。」Ｂ「より多くの湖に来るお客様をひきつけるため。」Ｃ「公園の開園時間と閉園時間をお客様に知らせるため。」Ｄ「お客様に対して来る前に湖についてもっとよく勉強するよう勧めるため。」

(2) 質問は「ガイド付きのツアーに参加するにはお客様は何をするべきか。」という意味。ポスターには，「ガイド付きツアーは公式ウェブサイトからご予約ください」と書いてある。Ａ「ガイド付きツアーに参加するためにビジター・センターに行く。」Ｂ「公園の公式サイトに入ってツアーを予約する。」Ｃ「地上遊歩道に行く。」Ｄ「電話をかけてビジター・センターに連絡する。」

 後置修飾

1 後置修飾

複数の語で名詞を修飾する場合は，修飾に用いる語を名詞のあとに置く。これを後置修飾という。

●主語と動詞を用いて修飾することもできる。

This is a book I bought yesterday.「これは昨日私が買った本だ」

●「～している」状態を付け足して修飾する場合は，現在分詞を用いる。

The woman speaking in English with your mother is Ms. Baker.

「あなたのお母さんと英語で話している女性はベーカーさんだ」

●「～されている」「～された」状態を付け足して修飾する場合は，過去分詞を用いる。

There is the picture painted by my father on the wall.

「父が描いた(＝父によって描かれた)絵が壁にかかっている」

⑤ 英問英答

解答

(1)　C　　(2)　D

全訳

こんにちは，メグです。私はオーストラリアからの交換留学生で，ボランティアの機会を探しています。ボランティア活動を通じて新しい人と出会い，日本語を上達させたいです。かもめ高校2年生の17歳です。私は学校のソフトボール部に所属しているので，週末しかボランティアできません。また，空き時間に日本語のレッスンを受けようと思っています。日本でたくさんの友達ができることを楽しみにしています！

かもめ赤十字では，オフィスのために翻訳のサポートの提供をする，またはウクライナからの難民が新しいコミュニティに溶け込むのを支援するために言語や精神的なサポートを提供するボランティアを必要としています。月曜日から金曜日までの少なくとも3日間は，対応できる必要があります。18歳以上。	**かもめ大学**では，障害のある学生の学習支援をするボランティアを募集しています。授業や講義への出入りの支援を含みます。月曜日から金曜日までの少なくとも1日は，9:00から16:00まで勤務できる必要があります。経済学の学位が必要です。
市立図書館の人気カフェ「**コミュニティカフェ**」では，常勤スタッフのお手伝いをしていただける非常勤ボランティアを募集しています。子どもたちへの読み聞かせや，オーダー取りやドリンクの提供などカフェでの簡単な仕事が担当です。柔軟なスケジュールにより好きな曜日に働くことができます。16歳以上。	かもめ市最古の音楽グループ「**ドーレーミ**」では，イベントのお手伝いをするボランティアを募集しています。音楽やダンスが好きな方にぴったりの仕事です。水曜日の午後，土曜日，日曜日に対応できる必要があります。16歳以上。

ボランティアグループによる日本語レッスン

かもめ市には，ボランティア団体による日本語教室がいくつかあります。詳しくは一覧（こちら）をご覧ください。ご不明な点や見学・お申し込みをご希望の方は，直接団体までお問い合わせください。

- 中　国　語：月曜日　　●タガログ語：火曜日　　●ネパール語：水曜日
- ベトナム語：木曜日　　●ポルトガル語：金曜日　　●英　　　語：土曜日

解説

（1）　質問は「メグはおそらくどのボランティアグループに申し込むか。」という意味。メグは週末にしか活動できないので，Cが答え。　A「かもめ赤十字」　B「かもめ大学」　C「コミュニティカフェ」　D「ドーレーミ」

（2）　質問は「メグは言語レッスンにいつ参加できるか。」という意味。メグはオーストラリアから来た生徒で，英語で日本語のレッスンを受けるので，Dが答え。　A「月曜日」　B「水曜日」　C「金曜日」　D「土曜日」

want+ 人 +to 〜 /help+ 人 + 動詞の原形

1 want + 人 + to 〜

● 「人に〜してほしい」という意味を表す場合は，〈want + 人 + to + 動詞の原形〉の形を用いる。

I want you to come here.

「私はあなたにここへ来てほしい」

2 help + 人 + 動詞の原形

● 「人が〜するのを手伝う」という意味を表す場合は，〈help + 人 + 動詞の原形〉の形を用いる。

I helped my mother cook dinner.

「私は母親が夕飯を作るのを手伝った」

① **リスニング**

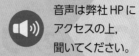

音声は弊社HPに
アクセスの上，
聞いてください。

学習のポイント

● リスニングは問題用紙の問題文や選択肢から，聞き取るポイントを予想しよう
● 選択肢に書かれている語句を聞き逃さないよう注意する

No.1 から No.3 の英文を聞き，その内容に関する質問の答えとして最も適当なものを選び，番号で答えなさい。

(1) On which floor is Ms. Sato going to see her son ?

① The Entrance Floor

② The Fourth Floor

③ The Toy Department Floor

④ The Children's Clothes Department Floor

(　)

(2) What will be the highest temperature of the day in Tokyo tomorrow ?

① 30 degrees

② 34 degrees

③ 36 degrees

④ 38 degrees

(　)

(3) What can you do in the Cineplex after the movie has started ?

① Talk to each other during the show.

② Use your cell phone in the Cineplex.

③ Give advance tickets to other people.

④ Enjoy food and drinks on sale from the refreshment stand.

(　)

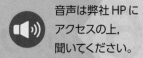

音声は弊社HPに
アクセスの上,
聞いてください。

学習のポイント

● 問われている内容を問題用紙から読み取ってから放送を聞くと解答しやすい
● 表の項目から, 聞き取るべき情報を予想する

カナダの学校で, 先生が週末に行われる校外学習について話をしています。(　　) に英語または算用数字を補って, メモを完成させなさい。空欄に入る英語は1語とは限りません。

Memo	
Where to visit	(1) (　　　　　　　　　　　　)
Meeting time	(2) (　　　　　：　　　　　)
Meeting place in the morning	(3) the (　　　　　) of the (　　　　　)
Cost	(4) $ (　　　　　　　　　　)
2 items to bring	(5) (　　　　　) and (　　　　　)

(1) _____

(2) _____

(3) the _____ of the _____

(4) $ _____

(5) _____ and _____

解答・解説

CHAPTER
06

① リスニング

解答

(1) ① (2) ③ (3) ④

スクリプト

(1) Attention, shoppers. We have found a five-year old boy. His name is Ken Sato.

He was in the Toy Department on the Fourth Floor. He remembers shopping with his mother in the Children's Clothes Department on the same floor. Would Ms. Sato please come to the information booth near the store entrance? Ken is waiting for you there.

(2) Rain is expected this afternoon in Tokyo. The rain will stop for a while and decrease the heat a little. The highest temperature today will be 36 degrees in Tokyo, 34 degrees in Chiba, and 38 degrees in Saitama. Tonight's lowest temperature will be over 28 degrees in all of the three areas.

Tomorrow's highest temperature will be the same as today's highest in Tokyo. Temperatures under 30 degrees in the daytime will not come until the end of the month.

(3) Ladies and gentlemen, welcome to Shibaura Cineplex. The movie will start in five minutes. We follow the guidelines made by the government: Warning "Three Cs": Closed spaces with poor ventilation, Crowded and Close-contact settings. In our theater, the air is constantly recycled. Please don't talk loudly in the cinema.

You cannot use your smartphones during the show. You can enjoy food or drinks sold at our refreshment stand only. Thank you for your understanding and cooperation. Advance tickets are available for upcoming new movies in the lobby. Enjoy the show.

全訳

(1) お客様にお知らせします。5歳の男の子が見つかっています。名前はサトウケン君です。

4階のおもちゃ売り場にいました。同じ階の子供服売り場でお母さんと買い物をしていたことを覚えているそうです。サトウ様，店の入り口近くの案内所まで来ていただけますか。そこでケ

ン君が待っています。

「サトウさんは何階で自分の息子に会う予定ですか?」

① 入り口階　② 4階　③ おもちゃ売り場の階　④ 子供服売り場の階

(2) 東京では午後から雨が予想されます。しばらくの間は雨もやみ,高温も少し下がるでしょう。東京の今日の最高気温は36度,千葉で34度,埼玉で38度でしょう。今夜の最低気温はこの3地点すべてにおいて28度以上になるでしょう。

　明日の東京の最高気温は今日と同じになるでしょう。日中の気温が30度を下回る日は今月末までないでしょう。

「明日の東京の最高気温は何度ですか?」

① 30度　② 34度　③ 36度　④ 38度

(3) 皆さま,芝浦シネプレックスへようこそ。あと5分で映画が始まります。ここは政府が作成したガイドラインに基づいています:「3つのC」に注意:換気が十分でない密室,混雑した密集,密接。この劇場では空気は常に循環しております。映画館内では大きな声で話すことはおやめください。

　上映中のスマートフォンの使用はできません。売店で販売されているもののみ飲食可能です。ご理解とご協力に感謝いたします。ロビーにて次回新作映画の前売り券を発売しております。映画をお楽しみください。

「映画の上映が始まった後にシネプレックスでできることは何ですか?」

① 上映中におしゃべりをする。

② シネプレックス内で携帯電話を使用する。

③ 前売り券を他の人にあげる。

④ 売店で販売されている食べ物や飲み物を飲食する。

解説

(1) スクリプト最後から2文目で「店の入り口近くの案内所」でケン君が待っていると話している。よって①「入り口階」が正解となる。

(2) スクリプト最後から2文目で「明日の東京の最高気温は今日と同じ」と言っており,3文目では「東京の今日の最高気温は36度」と言っているため,③「36度」となる。

(3) スクリプト最後から4文目で「売店で販売されているもののみ飲食可能」とアナウンスされているので④が正解。①と②はアナウンス内で禁止とされており,③は言及がない。

② リスニング

解答

(1)　[the art] museum　　(2)　8:50

(3)　(the) car park (of the) supermarket　　(4)　10

(5)　[a] pencil (and) [a] notebook

スクリプト

Now, I want to tell you about our field trip. We're going to go on Saturday. As you know, we're going to visit the art museum. You've learned about art history and some paintings from each era, so let's look at real works of art to deepen your understanding.

On Saturday, we'll leave at nine, and we'll go by bus. It takes about 40 minutes. Please meet me in the car park of the supermarket by 8:50. Don't be late because we should be at the museum before 10:00. When we return, the bus will leave you at the school entrance. You must ask your parents to pick you up at school, not at the supermarket.

Next, about the cost. It'll be 10 dollars each, OK? Remember to get the money from your parents.

What to bring? You must bring two items. Can you guess what they are? In the museum, we are going to join a one-hour guided tour. In this tour, a guide will tell you about 5 paintings. I don't know which paintings they will talk about, but I hope you are looking forward to it, too. Anyway, during the tour, you'll need to write things down, so take a pencil with you. Also, after the tour, you are going to choose one painting out of the five and copy it, so don't forget to bring your notebook as well. We'll have lunch in the museum restaurant, so you don't have to bring any food with you.

I think that's all. Do you have any questions?

全訳

　それでは，私たちの校外学習について話したいと思います。私たちは土曜日に行く予定です。ご存知かとは思いますが，私たちは美術館を訪れる予定です。あなたたちは美術の歴史や時代ごとのいくつかの絵画を学んだので，あなたたちの理解を深めるために本物の作品を見ましょう。

　土曜日は，私たちは9時に出発して，バスで行く予定です。およそ40分かかります。8時50分にスーパーマーケットの駐車場で会いましょう。10時前には美術館に着くべきなので遅れないでください。帰りの際には，バスはあなたたちを学校の玄関まで送ってくれる予定です。あなたたちは親御さんにスーパーマーケットではなく学校に迎えに来るように伝えてください。

　次は費用についてです。それぞれ10ドル必要です，いいですね？　親御さんからお金をもらうことを忘れないでください。

　何を持っていきますか？　2つの持ち物が必要です。あなたたちは何かわかりますか？美術館では，私たちは1時間のガイドツアーに参加します。ツアーでは，ガイドはあなたたちに5つの絵画を紹介します。私は彼らが何の絵画について話すのかわかりませんが，あなたたちが楽しみにしていてくれることを願います。ところで，ツアーの間，あなたたちは書くものが必要なので，鉛筆を持ってきてください。また，ツアーの後，5つの中から1つの絵画を選んで模写する予定なので，ノートを持ってくるのも忘れないようにしてください。美術館のレストランで昼食をとる予定なので，何も食べ物を持ってくる必要はありません。

　これですべてだと思います。何か質問はありますか？

　先生の説明が長くて覚えきれません…。

　メモの項目を見て，聞き取るべき単語に見当をつけてからリスニングに臨もう。英文が流れる前に目を通しておくとよいですよ。

146

解説

(1) メモの項目名は「行く場所」。スクリプト 3 文目を参照。校外学習では美術館に行くので, [the art] museum が正解。the art はなくても正解とする。

(2) メモの項目名は「集合時間」。スクリプト 7 文目を参照。集合時間は 8 時 50 分であるため, 数字で 8:50 が正解。fifty（50）と fifteen（15）の違いに注意する。

(3) メモの項目名は「朝の集合場所」。スクリプト 7 文目を参照。集合場所はスーパーマーケットの駐車場であるため,（the）car park（of the）supermarket が正解。

(4) メモの項目名は「費用」。スクリプト 12 文目を参照。10 ドル必要であるため, 数字の 10 が正解。$ はドルを表す記号なので, dollars は必要ない。

(5) メモの項目名は「2 つの持ち物」。スクリプト 20 ～ 21 文目を参照。持ち物は「書くもの」の「鉛筆」と「模写する」ための「ノート」なので, [a] pencil（and）[a] notebook が正解。不定冠詞 a がなくても正解とする。

高校入試実戦シリーズ

実力判定テスト10

全11タイトル
定価：
各1,100円(税込)

志望校の過去問を解く前に
入試本番の直前対策にも

準難関校（偏差値58〜63）を目指す方

『**偏差値60**』

3教科
英語 / 国語 / 数学

難関校（偏差値63〜68）を目指す方

『**偏差値65**』

5教科 英語 / 国語 / 数学 / 理科 / 社会

最難関校（偏差値68以上）を目指す方

『**偏差値70**』

3教科
英語 / 国語 / 数学

POINT

◇ **入試を想定したテスト形式（全10回）**
▶ プロ講師が近年の入試問題から厳選
▶ 回を重ねるごとに難度が上がり着実にレベルアップ

◇ **良問演習で実力アップ**
▶ 入試の出題形式に慣れる
▶ 苦手分野をあぶり出す

 東京学参
gakusan.co.jp

全国の書店、またはECサイトで
ご購入ください。

書籍の詳細は
こちらから ➡

~公立高校志望の皆様に愛されるロングセラーシリーズ~

公立高校入試シリーズ

・全国の都道府県公立高校入試問題から良問を厳選
 ※実力錬成編には独自問題も!
・見やすい紙面、わかりやすい解説

数学

合格のために必要な点数をゲット

目標得点別・公立入試の数学 基礎編

- 効率的に対策できる! 30・50・70点の目標得点別の章立て
- web解説には豊富な例題167問!
- 実力確認用の総まとめテストつき

定価:1,210円(本体1,100円+税10%)/ ISBN:978-4-8141-2558-6

応用問題の頻出パターンをつかんで80点の壁を破る!

実戦問題演習・公立入試の数学 実力錬成編

- 応用問題の頻出パターンを網羅
- 難問にはweb解説で追加解説を掲載
- 実力確認用の総まとめテストつき

定価:1,540円(本体1,400円+税10%)/ ISBN:978-4-8141-2560-9

英語

「なんとなく」ではなく確実に長文読解・英作文が解ける

実戦問題演習・公立入試の英語 基礎編

- 解き方がわかる! 問題内にヒント入り
- ステップアップ式で確かな実力がつく

定価:1,100円(本体1,000円+税10%)/ ISBN:978-4-8141-2123-6

公立難関・上位校合格のためのゆるがぬ実戦力を身につける

実戦問題演習・公立入試の英語 実力錬成編

- 総合読解・英作文問題へのアプローチ手法がつかめる
- 文法、構文、表現を一つひとつ詳しく解説

定価:1,320円(本体1,200円+税10%)/ ISBN:978-4-8141-2169-4

理科

短期間で弱点補強・総仕上げ

実戦問題演習・公立入試の理科

- 解き方のコツがつかめる! 豊富なヒント入り
- 基礎~思考・表現を問う問題まで
  重要項目を網羅

定価:1,045円(本体950円+税10%)
ISBN:978-4-8141-0454-3

社会

弱点補強・総合力で社会が武器になる

実戦問題演習・公立入試の社会

- 基礎から学び弱点を克服! 豊富なヒント入り
- 分野別総合・分野複合の融合など
  あらゆる問題形式を網羅
  ※時事用語集を弊社HPで無料配信

定価:1,045円(本体950円+税10%)
ISBN:978-4-8141-0455-0

国語

最後まで解ききれる力をつける

形式別演習・公立入試の国語

- 解き方がわかる! 問題内にヒント入り
- 基礎~標準レベルの問題で
  確かな基礎力を築く
- 実力確認用の総合テストつき

定価:1,045円(本体950円+税10%)
ISBN:978-4-8141-0453-6

高校入試 特訓シリーズ

基礎から最難関レベルまで
入試問題から厳選した良問を徹底演習
得意単元をゆるがぬ得点源に!

数学

数学 思考力 —規則性とデータの分析と活用—

高校入試問題で受験生が苦労する分野「規則性」「資料の整理」「思考力」をテーマにした問題集。丁寧な解説で、基礎の基礎からしっかり身につく

[定価:1,980円]

【本書のレベル】
基礎 標準 発展

数学難関徹底攻略700選

難関校受験生向けに最新入試問題を厳選。問題編の3倍に及ぶ充実した解説量

[定価:2,200円]

数学 図形と関数・グラフの融合問題完全攻略272選

最新入試頻出問題を厳選。基礎編→応用編→実践編のテーマ別ステップアップ方式。

この一冊で苦手な図形と関数・グラフの融合問題を完全克服

[定価:1,650円]

【本書のレベル】
基礎 標準 発展

英語

英語長文難関攻略33選 【改訂版】

「取り組みやすい長文」→「手ごたえのある長文」へステップアップ方式。本文読解のための詳しい構文・文法解説・全訳を掲載

[定価:1,980円]

【本書のレベル】
基礎 標準 発展

英文法難関攻略20選

基礎の徹底から一歩先の文法事項まで難関校突破に必要な高度な文法力が確実に身につく

[定価:1,760円]

【本書のレベル】
基礎 標準 発展

英語長文テーマ別難関攻略30選

全国最難関校の英語長文より、高度な内容の長文を厳選してテーマ別に分類

[定価:1,760円]

【本書のレベル】
基礎 標準 発展

国語

古文 完全攻略63選 【改訂版】

高校入試の古文に必要な力が身に付く一冊
基礎〜難関レベルまでレベル別に攻略法を学ぶ

[定価:1,980円]

【本書のレベル】
基礎 標準 発展

国語長文難関徹底攻略30選

国公私立難関校の入試問題から良問を厳選
解答へのアプローチ方法がわかる!
解けるようになる!

[定価:2,200円]

国語融合問題完全攻略30選

「現代文×古文」融合文対策
「読解のポイント」を読めば、深い速い読解力を手にできる

[定価:1,650円]

【本書のレベル】
基礎 標準 発展

 東京学参
gakusan.co.jp

https://www.gakusan.co.jp/

全国の書店、またはECサイトにてご購入ください。

全国47都道府県を完全網羅

全国公立高校入試過去問題集シリーズ

POINT

① 入試攻略サポート
- 出題傾向の分析×**10年分**
- 合格への対策アドバイス
- 受験状況

② 便利なダウンロードコンテンツ (HPにて配信)
- 英語リスニング問題音声データ
- 解答用紙

③ 学習に役立つ
- 解説は全問題に対応
- 配点
- 原寸大の解答用紙を
  ファミマプリントで販売

※一部の店舗で取り扱いがない場合がございます。

最新年度の発刊情報は
HP(https://www.gakusan.co.jp/)をチェック!

愛知県 宮城県 こちらの2県は

予想問題集も発売中

\\実戦的な合格対策に!!//

 東京学参 gakusan.co.jp

https://www.gakusan.co.jp/

全国の書店、またはECサイトにて
ご購入ください。

書籍の内容についてのお問い合わせは右の QR コードから ⇒

※書籍の内容についてのお電話でのお問い合わせ、本書の内容を超えたご質問には対応
　できませんのでご了承ください。

高校入試実戦シリーズ

偏差値5アップ 英語 60 ↗ 65

2024年2月29日　　初版発行
発行者　　　　　　佐藤　孝彦
編　集　　　　　　櫻井　麻紀
　　　　　　　　　株式会社ダブル ウイング
表紙デザイン　　　株式会社スマートゲート
発行所　　東京学参株式会社
　　　　　〒153-0043　東京都目黒区東山2-6-4
　　　　　〈URL〉 https://www.gakusan.co.jp
印刷所　　株式会社シナノ

※本書のコピー、スキャン、デジタル化等の無断複製は著作権法上での例外を
　除き禁じられています。本書を代行業者等の第三者に依頼してスキャンやデ
　ジタル化することは、たとえ個人や家庭内での利用であっても著作権法上認
　められておりません。

ISBN978-4-8141-2896-9